CARLA DEL PONTE

Ich bin keine Heldin

Mein langer Kampf für Gerechtigkeit

Unter Mitarbeit von
Claudia Sabic

WESTEND

Mehr über unsere Autoren und Bücher:
www.westendverlag.de

Die Deutsche Nationalbibliothek verzeichnet diese Publikation in der
Deutschen Nationalbibliografie; detaillierte bibliografische Daten sind im
Internet über http://dnb.d-nb.de abrufbar.

ISBN: 978-3-86489-113-7
© Westend Verlag GmbH, Frankfurt/Main 2021
Umschlaggestaltung: Buchgut, Berlin
Satz: Publikations Atelier, Dreieich
Druck und Bindung: CPI – Clausen & Bosse, Leck
Printed in Germany

Inhalt

Mein Kampf für Gerechtigkeit

Frühling 2021: Seit einem Jahr lebt die Welt unter den Bedingungen einer globalen Pandemie. Während die meisten Menschen versuchen, sich mit dem »New Normal« zu arrangieren, sind die anderen Krisen der Welt in den Hintergrund geraten. Einzig der Krieg in Syrien scheint im Bewusstsein der westlichen Öffentlichkeit überlebt zu haben, schon allein deshalb, weil man in Europa mit den Menschen konfrontiert ist, die aus dem internationalen Schlachtfeld fliehen. Seit einer Dekade kämpfen dort nicht nur die innersyrischen Konfliktparteien, sondern auch die Regional- und Weltmächte, die sich zu sogenannten Schutzmächten der einzelnen Kriegsparteien aufgeschwungen haben. In Syrien sind Kriegsverbrechen und Verbrechen gegen die Menschlichkeit seit nunmehr zehn Jahren Teil des Alltags – und leider bis heute ungesühnt. Das Land am östlichen Mittelmeer stellt hier keinen Einzelfall dar. Es gibt in zahlreichen anderen Ländern bewaffnete Konflikte, die nicht minder grausam sind, aber hierzulande weit weniger öffentliche Aufmerksamkeit bekommen. Dazu gehört der Krieg im Jemen, der seit sechs Jahren anhält. Mosambik, Tigray in Äthiopien, Niger, Mali, Afghanistan – die Liste ist lang. Und immer ist es hauptsächlich die Zivilbevölkerung, die Kriegsverbrechen und Verbrechen gegen die Menschlichkeit ertragen muss – Verbrechen, die vor ein Gericht gehören; Verbrechen, für die den Opfern Gerechtigkeit zusteht.

Damit sind wir bei den Themen, für die ich mein Leben lang gekämpft habe: Völkerrecht, Menschenrechte und die internationale Gerichtsbarkeit, die sie durchsetzen soll. Ein Blick in die Welt zeigt: Die globale Rechtsprechung steht nicht da, wo sie stehen könnte. Und: Die Welt ist seit den ersten internationalen Gerichtsverfahren zu den Kriegen in Jugoslawien und Ruanda in den 1990er-Jahren kein sichererer Ort geworden. Statt einen Schritt in Richtung Gerechtigkeit für alle – und vor allem für die Opfer – zu machen, müssen wir uns eingestehen, dass wir wieder zurückgewichen sind. Zwar existiert das internationale Recht bereits seit den beiden Weltkriegen, aber es wird nicht angewandt, weil der politische Wille dazu fehlt.

Die derzeitige politische Lage hat die Menschenrechte und ihre Anerkennung in den Hintergrund gedrängt. Dafür verantwortlich sind maßgeblich die gegenläufigen Partikularinteressen einzelner Staaten, also ihre ureigenen Interessen aus nationaler Perspektive, und die Unfähigkeit der Weltorganisation UNO, dazu beizutragen, dass die Menschenrechte respektiert werden. Der Grund dafür ist wiederum, dass die Vereinten Nationen von den Entscheidungen des UN-Sicherheitsrats abhängen. Dabei handelt es sich um dasjenige Organ der UNO, das verfassungsgemäß, also nach der UN-Charta, die Hauptverantwortung für den Weltfrieden trägt. Und diese Institution ist momentan stark geschwächt.

Dominiert wird sie von den fünf mächtigen, permanenten Mitgliedsstaaten: China, Frankreich, Großbritannien, Russland und die USA. Diese verfügen über ein Vetorecht, mit dem sie jede Resolution, also jeden Beschluss des Sicherheitsrats, aufhalten können. Das versetzt sie in die Lage, gewisse Entscheidungen, die wichtig für Gerechtigkeit und die Wahrung der Menschenrechte sind, zu blockieren. Eine Reform dieses Systems war nie möglich. Der Versuch des ehemaligen Generalsekretärs der UNO, Kofi Annan, scheiterte vor allem am Widerstand der permanenten Mitglieder, insbesondere an Russland und den USA, die ihr Vetorecht – und damit ihren Einfluss – nicht aus der Hand geben wollten. Dieses Ungleichgewicht liegt bis heute dem katastrophalen Zustand des Völkerrechts zugrunde.

Dabei sah es zunächst so aus, als sei die internationale Gerichtsbarkeit auf einem guten Weg. Erstmals seit den Prozessen von Nürnberg und Tokio, bei denen die Gräueltaten des Zweiten Weltkriegs verhandelt wurden, kamen diejenigen, die schwere Völker- und Menschenrechtsverletzungen begangen hatten, vor Gericht. In den Tribunalen, die sich ab 1993 zunächst mit den Verbrechen während der Kriege im ehemaligen Jugoslawien und ab 1994 dann auch mit den Verbrechen in Ruanda beschäftigten, ging es vor allem darum, die Verantwortlichen auf der Führungsebene zur Rechenschaft zu ziehen und sie als Drahtzieher zu verurteilen. Nicht nur die unmittelbar Beteiligten, wie zum Beispiel der Offizier, der mit seiner Einheit Dörfer plündert, Zivilisten hinrichtet und vergewaltigt, sollten verurteilt werden. Sondern auch und vor allem diejenigen, die diese Grausamkeiten in Auftrag gegeben, mit ihrer Politik die Menschen dazu angestachelt und mit akribischer Präzision Völkermord, Kriegsverbrechen und Verbrechen gegen die Menschlichkeit planen und ausführen haben lassen.

Und damit hatte man – hatten wir! – Erfolg. Mit Slobodan Milošević musste sich erstmals ein ehemaliges Staatsoberhaupt vor Gericht für schwere Kriegsverbrechen verantworten. Völkermord, Verbrechen gegen die Menschlichkeit,

Massaker und Deportationen legte ihm die Anklage zur Last. Und beinahe die gesamte Regierung Ruandas, die für das grausame Abschlachten der Tutsi verantwortlich war, stand vor Gericht. In nur etwa 100 Tagen im Jahr 1994 hatten Angehörige der Hutu-Mehrheit rund 75 Prozent der Tutsi-Minderheit getötet, ebenso wie moderate Hutu, die sich nicht am Völkermord beteiligen wollten. Erstmals gab es vor einem internationalen Gerichtshof 1998 eine Verurteilung wegen Völkermords. Ein Meilenstein.

Beide Tribunale waren somit, trotz vieler Rückschläge und zäher Ermittlungen, die ich als Chefanklägerin hinnehmen musste, ein Erfolg für die internationale Gerichtsbarkeit: 90 Angeklagte sprach man im Jugoslawien-Tribunal schuldig, 62 im Ruanda-Tribunal. Die Opfer und ihre Hinterbliebenen erfuhren Gerechtigkeit. Man konnte ihre Zufriedenheit und Dankbarkeit uns gegenüber spüren. Wir hatten es geschafft, der Straflosigkeit, mit der politische Führer bis dahin weltweit ihrer Verantwortung entgangen waren, Einhalt zu gebieten.

Nicht zuletzt trugen beide Tribunale maßgeblich zur Weiterentwicklung des Völkerstrafrechtes bei, zum Beispiel bei der Anwendung von Kriegsrecht in internen Konflikten und der Weiterentwicklung und Auslegung von Straftatbeständen. So legte das Ruanda-Tribunal eine umfassende Rechtsprechung zum Tatbestand des Genozids vor, die anderen Gerichten heute als Vorlage dafür dient, wie der schwer nachzuweisende Tatbestand des Völkermords erfolgreich verhandelt werden kann. Das Jugoslawien-Tribunal definierte hingegen erstmals sexuelle Gewalt als Tatbestand des Völkermords – ein weiterer Meilenstein im internationalen Strafrecht.

Die Tribunale waren außerdem Wegbereiter des permanenten Internationalen Strafgerichtshofs (IStGH), dessen Grundlage das am 17. Juli 1998 verabschiedete Rom-Statut (oder auch römisches Statut) des Internationalen Strafgerichtshofs bildete, welches von 123 Staaten unterzeichnet und ratifiziert wurde. Davon sind 33 auf dem afrikanischen Kontinent, 19 aus dem asiatisch-pazifischen Raum, 18 aus Osteuropa, 28 aus Lateinamerika und der Karibik sowie 25 aus Westeuropa und weiteren Regionen. Es gibt auch Staaten, die das Rom-Statut unterzeichnet, aber nicht ratifiziert haben und entsprechend nicht zu den Mitgliedern des Gerichtshof gehören. Dazu zählen beispielsweise Angola oder auch die USA.[1] Zur Verdeutlichung: Im ersten Schritt unterzeichnen die Vertreter der Länder einen Vertrag. Das allein setzt diesen aber noch nicht in Kraft. Dafür bedarf es der Ratifizierung: Sie ist die völkerrechtlich verbindliche Erklärung, die den zuvor unterzeichneten Vertrag bestätigt, und erfolgt für gewöhnlich durch das Organ, welches die Vertragspartei – also zum Beispiel einen Staat – nach außen vertritt, etwa das Staatsoberhaupt. Erst nach der Ratifizierung ist der Vertrag bindend und von den Unterzeichnern einzuhalten. Darüber stellt man eine sogenannte Ratifikationsurkunde aus. Üblicherweise werden die Urkunden aller am Vertrag Beteiligten bei einer der Parteien hinterlegt. In Deutschland ist die gängige Handhabe, dass von der Bundesregierung ausgehandelte völkerrechtliche Verträge der Zustimmung oder der Mitwirkung der für die Bundesgesetzgebung zuständigen Körperschaften bedürfen. Das heißt konkret, dass Bundestag und Bundesrat ihnen zustimmen müssen. Der Bundespräsident schließt daraufhin im Namen des Bundes die Verträge.[2]

123 Staaten ratifizierten ergo das Rom-Statut. Das sind zwar nicht sämtliche Staaten der Welt, aber viele. Sie alle haben sich zur internationalen Strafjustiz verpflichtet und dazu, das Völkerrecht und die Menschenrechte zu respektieren. Das ließ hoffen! Der Internationale Strafgerichtshof

mit Sitz in Den Haag nahm am 1. Juli 2002 seine Tätigkeit auf. Seine Unabhängigkeit von der UNO soll verhindern, dass er machtpolitisch missbraucht wird – also Verbrechen nur dann geahndet werden, wenn das den politischen Interessen der ständigen Mitglieder des UN-Sicherheitsrats entspricht. Darüber hinaus muss er schnell handlungsfähig sein und sofort eingreifen können, nicht erst dann, wenn die meisten Verbrechen schon begangen worden sind.

Wir haben somit die Rechtsgrundlage und eine Institution. Und dennoch erkennt jeder am politischen Weltgeschehen halbwegs interessierte Bürger: Sie ist kein besserer Ort geworden. 158 gewaltsame Krisen gab es allein im Jahr 2019,[3] davon 27 bewaffnete Konflikte und Kriege.[4] Die meisten davon finden auf dem afrikanischen Kontinent statt. Kriegsverbrechen, Verbrechen gegen die Menschlichkeit, Völkermord und Aggression – ein Tatbestand, für den die internationale Gerichtsbarkeit seit 2018 ebenfalls zuständig ist – ereignen sich täglich vor den Augen der Weltöffentlichkeit, der globalen Politik und der internationalen Gerichtsbarkeit.

Wie bereits erwähnt, trifft das Leid vor allem die Zivilbevölkerung. Allein in Syrien haben die Kriegsparteien seit Beginn der gewalttätigen Auseinandersetzungen im Jahr 2011 mehr als 100 000 Zivilisten ermordet. Insgesamt liegen die Opferzahlen bis heute noch um ein Vielfaches höher. Zwölf Millionen Menschen sind auf der Flucht. Die Armee Myanmars hat seit 2017 unter Gewaltexzessen rund 750 000 Angehörige der muslimischen Minderheit der Rohingya ins Nachbarland Bangladesch vertrieben. Myanmarische Sicherheitskräfte zerstörten Hunderte Siedlungen der Rohingya systematisch. Sie brannten die Dörfer nieder, setzten Landminen ein, mordeten, vergewaltigten und folterten.[5] Seit Ende 2020 spitzt sich die humanitäre Lage in der äthiopischen Region Tigray zu. Bei Kämpfen zwischen der Regierung und abtrünnigen Truppen unter Führung der regionalen TPLF-Partei (Tigray-Volksbefreiungsfront) werden unter anderem Krankenhäuser geplündert und zerstört. Das Gesundheitswesen ist zusammengebrochen, Medikamente, aber auch Lebensmittel sind in der Region knapp. Afghanistan, Irak, Somalia, Sudan – die Liste der Länder, in denen Gewalt gegen die Zivilbevölkerung auf der Tagesordnung steht, ist, wie gesagt, lang. Mit der Liste der dort begangenen Verbrechen verhält es sich ähnlich.

Ende 2019 lag die Zahl der Menschen, die sich weltweit auf der Flucht befanden, bei 79,5 Millionen – das ist mehr als ein Prozent der Weltbevölkerung und doppelt so viel wie noch im Jahr 2010. Mehr als zwei Drittel der geflohenen Menschen stammen aus fünf Ländern: Syrien, gefolgt von Venezuela, Afghanistan, Südsudan und Myanmar.[6] Die Gründe sind vielfältig: Armut, Perspektivlosigkeit, die Folgen des Klimawandels – viele Aspekte spielen eine Rolle. Die Hauptursache ist jedoch: Gewalt.

Die Verbrecher, die für dieses millionenfache Leid verantwortlich sind, kommen trotz Völkerrecht und Internationalem Strafgerichtshof ungesühnt davon. Sie werden nicht zur Verantwortung gezogen. Unsere Hoffnung, dass die Zivilbevölkerung nach den ersten internationalen Tribunalen besser geschützt sei, hat sich offensichtlich nicht erfüllt. Wir glaubten, dass die Präsidenten, Minister und Generäle dieser Welt nach diesen Urteilen auch bei bewaffneten Konflikten darauf achten, die Zivilbevölkerung zu schützen und sich an das Kriegsrecht zu halten. Die abschreckende Wirkung der Tribunale hat aber nie eingesetzt, und die Drahtzieher der Gewaltexzesse setzen nach wie vor auf Straflosigkeit. Denn obwohl es seit 2002 den Internationalen Strafgerichtshof gibt, ist internationales Recht nach wie vor abhängig vom politischen Willen einzelner Staaten. Und, ich wiederhole mich, dieser Wille fehlt.

Wurde die internationale Gerichtsbarkeit anfangs noch maßgeblich von den USA initiiert und finanziert, ließ deren Begeisterung im Verlauf der Jahrzehnte nach. Insbesondere unter Donald Trump wandte sich ihre Politik sogar gegen den Internationalen Strafgerichtshof und die Werte, die er vertritt. Zu groß ist die Angst, dass amerikanische Staatsbürger vor einer internationalen Institution zur Verantwortung gezogen werden könnten. Konkreter Anlass für die neuerliche Feindseligkeit der USA gegenüber dem Gerichtshof dürften dessen Vorermittlungen im Jahr 2018 sein. Untersuchungsgegenstand waren Foltervorwürfe gegen US-amerikanische Soldaten, die Gefängnisse in Afghanistan bewachten. Dabei ging es auch um eine mögliche Verantwortlichkeit der Dienstvorgesetzen sowie der CIA.[7] Gänzlich neu ist diese – milde ausgedrückt – Skepsis der USA nicht: Bereits die Regierung des ehemaligen Präsidenten George W. Bush hatte gegen die internationale Strafjustiz gehetzt.[8] Zudem gehören die USA, ebenso wie Russland und China, zu den Staaten, die das für den Internationalen Strafgerichtshof grundlegende Rom-Statut nicht ratifiziert haben. Diese drei Länder, die zu den größten und mächtigsten der Erde zählen, bleiben folglich bei der internationalen Gerichtsbarkeit außen vor. Dazu kommt: Als ständige Mitglieder im UN-Sicherheitsrat können sie mit ihrem Veto verhindern, dass dieser den Gerichtshof bei Kriegsverbrechen in Ländern beauftragt, die das Rom-Statut nicht ratifiziert haben – so geschehen durch die Vetos Chinas und Russlands für Syrien.

Alle Staaten, gegen deren Verantwortliche die internationale Strafgerichtsbarkeit bisher ermittelt hat, stellten ihre Legitimität infrage und bezeichneten sie als politisches Vehikel, mit deren Hilfe man ihre Nationen an den Pranger stellen wollte – aus ihrer Sicht zu Unrecht. Und ganz klar ist: Alle Staaten auf der Welt verfolgen ihre partikularen Interessen. Die Durchsetzung des internationalen Rechts ist für die meisten so lange in Ordnung, wie sie ihre nationalen Interessen nicht berührt. Das gilt auch für die USA, obwohl sie die internationale Justiz mitbegründet hatten.

Der mangelnde politische Wille der einzelnen Staaten ist es, der die internationale Gerichtsbarkeit schwächt. Denn das internationale Recht liegt in einer Grauzone zwischen Recht und Politik, zwischen nationaler Souveränität und internationaler Verantwortung. Und diese Grauzone ist im Verlauf der Jahrzehnte größer geworden. Mittlerweile müssen wir sogar froh sein, wenn wir den Status quo halten können. In den letzten Jahren haben sich mehrere Staaten aus dem Internationalen Strafgerichtshof zurückgezogen. Wer weiß, wie lange wir ihn überhaupt noch haben werden?

Das ist der Anlass für dieses Buch: Es ist momentan schlecht um die Menschenrechte und die internationale Gerichtsbarkeit bestellt. Wir müssen uns fragen, welche Bedeutung sie für uns haben und welche Rolle sie in Zukunft spielen sollen. Wenn wir wollen, dass die Welt eine bessere wird, müssen wir die internationale Gemeinschaft aufwecken und dem Schutz der unveräußerlichen Rechte, die alle Menschen auf diesem Planeten genießen sollten, wieder die gebührende Bedeutung zukommen lassen. Und ohne die internationale Gerichtsbarkeit ist das nicht möglich. Nur sie schafft Gerechtigkeit für die Hundertausenden Opfer und ihre Hinterbliebenen. Bei meinen Gesprächen mit Betroffenen, zum Beispiel mit syrischen Flüchtlingen in den Lagern im Libanon und in Jordanien, habe ich gespürt, wie wichtig es für diese Menschen ist, Gerechtigkeit zu erfahren, und wie sehr sie danach verlangen.

Nur über institutionalisierte Gerechtigkeit ist ein friedliches Zusammenleben möglich – sie unterbricht den furchtbaren Kreis der Blutrache, der es immer neuen Generationen von Drahtziehern ermöglicht, die Menschen für Gräueltaten zu mobilisieren. Sie ist der erste Schritt, wenn nicht zu einer Aussöhnung, dann zumindest zu einer Neuorganisation des Zusammenlebens nach einer gewalttätigen Auseinandersetzung. Die internationalen Gerichte sind Orte, an denen die Wahrheit ans Licht kommt. Und die Zivilbevölkerung muss diese Tatsachen akzeptieren. Andernfalls kommt es zu einer doppelten Geschichtsschreibung und zu Revanchismus, einer Politik, die darauf ausgerichtet ist, mit militärischen Mitteln »verlorene« Gebiete zurückzuerlangen oder als aufgezwungen empfundene Verträge zu annullieren. Dadurch ist der Internationale Strafgerichtshof die entscheidende Institution für die Verwirklichung der Hauptziele der UNO: Frieden und Stabilität für alle Menschen auf der Welt.

Damit die Vereinten Nationen diese existenziellen Aufgaben wahrnehmen können, ist es wichtig, sie so unabhängig wie möglich vom politischen Willen einzelner Länder zu machen. Das wird ohne eine Reform der UNO und ihrer Institutionen, wie des Sicherheitsrates, nicht möglich sein. Auch darum dieses Buch: um zu zeigen, dass internationales Recht unumgänglich ist und unabhängig sein muss, wenn wir friedlich miteinander leben wollen. Weg mit den Grauzonen! Damit wir den Machthabern rote Linien nicht lediglich aufzeigen, sondern auch auf einer rechtlichen Basis dafür sorgen können, dass sie diese nicht übertreten. Mein Kampf für Gerechtigkeit ist also nicht vorbei, sondern beginnt jeden Tag von Neuem.

Der lange Weg nach Den Haag

Völkerrecht – darunter verstehen wir alle Rechtsnormen, die das Verhältnis sowohl der Staaten untereinander als auch deren Beziehungen zu den internationalen Organisationen regeln. Es ist also ein Sammelbegriff. Und im Gegensatz zur innerstaatlichen Ordnung gibt es keine zentrale Gewalt, die das Völkerrecht durchsetzt. Die einzige Institution, deren Zuständigkeit die internationale Staatengemeinschaft als solche betrifft, ist die UNO, eine alte Dame von mittlerweile über 70 Jahren. Das Völkerrecht hängt von der Anerkennung der jeweiligen Staaten ab und entsteht durch Verträge, Abkommen, Konventionen und Pakte. Diese beziehen sich beispielsweise auf die Anerkennung fremder Staatsgebiete, die Einschränkung kriegerischer Handlungen, den Schutz von Zivilpersonen, aber auch den diplomatischen Umgang miteinander, die Schlichtung von Streitigkeiten und Fragen des internationalen Handels. Wer die Einhaltung dieser Abkommen überprüft, variiert und hängt vom Abkommen selbst ab. Ob und welche Sanktionen einen Staat treffen, wenn dieser gegen ein Abkommen verstößt, steht allerdings nicht in den Verträgen selbst. Genau aus diesem Grund ist der Internationale Strafgerichtshof so wichtig. Denn nur dort können Zuwiderhandlungen, die meistens mit Menschrechtsverletzungen einhergehen, geahndet werden.

Zentrale Elemente des Völkerrechts heute sind die Verfassung der UNO, also die UN-Charta, weiterhin die Menschenrechtserklärung der Vereinten Nationen, die Genfer Konventionen sowie die Konventionen und Abkommen des Europarats. Um zu verstehen, wie es zu dieser Vielzahl an Institutionen und Organisationen kam, die heute im Völkerrecht eine Rolle spielen, ist ein Blick in die Vergangenheit hilfreich.

Erste Schritte auf dem Weg zum Völkerrecht

Bezeichnenderweise hat die Menschheit im Laufe ihrer Geschichte wichtige Schritte zur Institutionalisierung des Völkerrechts immer unmittelbar nach kriegerischen Auseinandersetzungen unternommen. Zwar regelten bereits die Menschen der Antike in Mesopotamien und Griechenland die Beziehungen ihrer Stadtstaaten mit völkerrechtlichen Ordnungen – so könnte man zum Beispiel das Kriegsverbot zuzeiten der Olympischen Spiele verstehen –, gemeinhin gilt aber das 17. Jahrhundert als Ausgangspunkt des heutigen Völkerrechts. Ein erster Meilenstein in dessen Entwicklung war der Westfälische Frieden von 1648, der den Dreißigjährigen Krieg in Deutschland und den Achtzigjährigen Unabhängigkeitskrieg in den Niederlanden beendete. Fünf Jahre lang hatten ihn die europäischen Großmächte in Münster und Osnabrück ausgehandelt. In Nürnberg diskutierte man im Anschluss Fragen zu Abrüstung und Entschädigung. Der Westfälische Frieden avancierte somit zum Vorbild für spätere Friedenskongresse: Er setzte auf das Prinzip der Gleichberechtigung der beteiligten Staaten, unabhängig von ihrer tatsächlichen Macht.

Der Wiener Kongress ordnete 1815, also fast 200 Jahre später, Europa von Grund auf um. Die Französische Revolution und die Niederlage Napoleons hatten die Landkarte Europas verändert. Damals legten die Mächte des Kongresses die jeweiligen Grenzen fest und schufen neue Staaten. Beteiligt waren Vertreter aus rund 200 politischen Einheiten Europas, lediglich das Osmanische Reich stand außen vor. Das Ziel des Kongresses bestand darin, den Rahmen für eine dauerhafte Friedensordnung zu schaffen.

Krieg war jedoch nicht grundsätzlich verboten. Dem *Ius ad bellum* lag ein Recht souveräner Staaten zur Kriegsführung zugrunde. Gleichzeitig regelte das *Ius in bello* das Recht während eines Krieges, also den Umgang mit Kriegsgegnern, Unbeteiligten und Kulturgütern. Schäden und Grausamkeiten sollten im Zaum gehalten werden. Das *Ius in bello* ist somit Teil des humanitären Völkerrechts. Mit der ersten Genfer Konvention von 1864 schufen zwölf Staaten eine Übereinkunft »betreffend die Linderung des Loses der im Felddienste verwundeten Militärs«.[1] Es war der erste internationale Vertrag, der das Sanitätspersonal neutral ansah und gemeinsam mit den Verwundeten unter Schutz stellte. Die Versorgung der Verwundeten aller Kriegsparteien stand im Vordergrund. Symbol wurde das rote Kreuz auf weißem Grund.

Im 19. Jahrhundert entstand eine breite pazifistische Bewegung. Das Wort »Pazifismus« kommt vom lateinischen *pacificus* und bedeutet »friedliebend«. Entsprechend bezeichnet der Pazifismus eine Grundhaltung, die Gewalt ablehnt und nach Frieden strebt. Ihr trugen die Haager Friedenskonferenzen in den Jahren 1899 und 1907 Rechnung. Es ging um Abrüstung und die Schaffung von Grundsätzen, nach denen man internationale Konflikte friedlich regeln konnte. Die

Staatengemeinschaft setzte sich das Ziel, Kriegen ein Ende zu setzen und den Rechtsweg zum einzig gangbaren Weg zur Beilegung von Konflikten zu machen – zu schön, um wahr zu sein. Denn leider konnten sich die Beteiligten der insgesamt 26 Staaten nicht auf Abrüstungsschritte einigen. Auch an der Einführung einer verpflichtenden Schiedsgerichtsbarkeit scheiterten sie, maßgeblich weil einstimmig abgestimmt werden sollte. Dennoch kam es zwischen den Jahren 1899 und 1907 zur Gründung des Schiedsgerichtshofs in Den Haag. Dieser hatte zwar keine alleinige Entscheidungsgewalt, bot aber den Staaten im Konfliktfall eine Infrastruktur, mit der sie ihren Streit ohne militärische Schritte beilegen konnten.

Die Haager Landkriegskonvention stellte gleichwohl wichtige Aspekte der tradierten Regeln des Kriegs auf eine breite, völkerrechtliche Basis. Es ging darum, »die Leiden des Krieges zu mildern, soweit es die militärischen Interessen gestatten, den Kriegführenden als allgemeine Richtschnur für ihr Verhalten in den Beziehungen untereinander und mit der Bevölkerung [zu] dienen«.[2] Die Formulierung »soweit es die militärischen Interessen gestatten« zeigt schon, dass der Spielraum für Interpretationen groß war – sie galten offensichtlich als legitim und waren wichtiger als das Völkerrecht. Gleichzeitig gab es keine Verfügungen zur Ahndung von Kriegsverbrechen. Einzelpersonen hätte man in diesem Zusammenhang sowieso nicht belangen können. Das Militär betrachtete man als Staatsorgan, nicht als Sammlung von Individuen, die für ihre Taten im Krieg verantwortlich sind. Handlungsträger war der Staat, nicht der Mensch. Das sicherte die Eliten gegen die Konsequenzen ihres Handelns ab und etablierte eine langanhaltende Kultur der Straffreiheit bei Verstößen gegen das Völkerrecht.

Bankrotterklärung – Klappe, die erste:
Der Erste Weltkrieg

Der Erste Weltkrieg markierte nicht nur eine politische, wirtschaftliche, gesellschaftliche und kulturelle Zeitenwende. Auch was die Kriegsführung anbelangt, setzte er neue Standards der Grausamkeit. Der entfesselten Gewalt konventioneller Technologie traten die ersten Einsätze von Chemiewaffen hinzu. 1915 setzte das Deutsche Reich als erste Nation das hochgiftige Chlorgas im Kampf gegen Frankreich ein: 3 000 Soldaten erstickten, 7 000 erlitten schwere Verätzungen. Der Einsatz von Giftgas galt 1915 bereits als Kriegsverbrechen, denn das Haager Recht verbot den Einsatz derartiger Waffen. Auch die Franzosen und die Briten experimentierten in der Folge mit giftigen Substanzen wie Senfgas oder Phosgen.[3]

Die traurige Gesamtbilanz des Ersten Weltkriegs oder des *Grande Guerre*, des großen Kriegs, wie ihn die Franzosen nennen, war der Tod von neun Millionen Soldaten.[4] Die neue Art der Kriegsführung trieb die Zahlen der zivilen Opfer durch die Decke: Mit sieben Millionen starben beinahe so viele Zivilisten wie Soldaten.[5] Und selbst das ist nur ein grober Anhaltspunkt, denn noch heute forschen Wissenschaftler in den betroffenen Ländern über die genaue Zahl. Zählt man auch diejenigen dazu, die durch Folgen des Kriegs wie Unterernährung oder Epidemien ums Leben kamen, fällt sie noch deutlich höher aus. Die internationalen Abkommen von Genf und Den Haag konnten das Leid also nicht lindern. Im Gegenteil: Die Verwüstung und die Grausamkeit waren bis dahin beispiellos.

Was das Völkerrecht betrifft, begann im Zuge dessen nach 1918 ein Umdenken. Das grundsätzliche Recht auf Kriegsführung wurde infrage gestellt. Zudem rückte der Mensch als Handelnder, der für seine Taten die Verantwortung tragen musste, in den Blickpunkt. Nach dem Flächenbrand des Ersten Weltkriegs erstarkte die Idee einer internationalen Organisation, die den Frieden sichern sollte: 1919 nahmen die verhandelnden Staaten die Satzung des Völkerbunds mit dem Versailler Vertrag an, und im Folgejahr wurde der direkte Vorfahr der UNO gegründet. Der erste Teil fasst zusammen:

In der Erwägung, daß es zur Förderung der Zusammenarbeit unter den Nationen und zur Gewährleistung des internationalen Friedens und der internationalen Sicherheit wesentlich ist, bestimmte Verpflichtungen zu übernehmen, nicht zum Kriege zu schreiten; in aller Öffentlichkeit auf Gerechtigkeit und Ehre gegründete internationale Beziehungen zu unterhalten; die Vorschriften des internationalen Rechtes, die fürderhin als Richtschnur für das tatsächliche Verhalten der Regierungen anerkannt sind, genau zu beobachten, die Gerechtigkeit herrschen zu lassen und alle Vertragsverpflichtungen in den gegenseitigen Beziehungen der organisierten Völker peinlich zu achten, nehmen die Hohen vertragschließenden Teile die gegenwärtige Satzung, die den Völkerbund errichtet, an.[6]

Mit der Unterzeichnung des Versailler Vertrags waren die 32 Unterzeichner sowie 13 neutrale Staaten Mitglieder des Völkerbunds. Diese Verknüpfung mit dem Versailler Vertrag gilt rückblickend in vielerlei Hinsicht als »Geburtsfehler«. Bis 1937 kamen weitere 21 Staaten dazu. Die Institution hatte ihren Sitz in Genf. Ihre zentralen Organe waren die Bundesversammlung, die aus Vertretern aller Mitgliedsländer bestand, und der Völkerbundrat. Letzterem gehörten zunächst vier ständige Mitglieder an: Frankreich, Großbritannien, Italien und Japan. Später wurde er um das Deutsche Reich und die Sowjetunion ergänzt. Dazu kamen außerdem bis zu zehn temporäre Mitglieder. Der Rat sollte im Wesentlichen bei internationalen Konflikten vermitteln, zu seinen Aufgaben zählte aber auch die Schaffung des Ständigen Internationalen Gerichtshofs im Jahr 1921 (nicht zu verwechseln mit dem heutigen Internationalen Strafgerichtshof).

Interessanterweise waren es ausgerechnet die USA, die den Versailler Vertrag nicht ratifizierten und damit dem Völkerbund nicht beitraten. Und das, obwohl sich die Idee zu dessen Gründung maßgeblich auf den damaligen Präsidenten Woodrow Wilson zurückführen lässt. Dieser hatte zwar versucht, den US-Kongress von einem Beitritt zu überzeugen, aber die Vorbehalte überwogen. Während Wilson selbst die USA als Hüter dieser neuen globalen Weltordnung sah, kritisierten seine Gegner die gewaltigen Verpflichtungen, die mit dieser Verantwortung einhergingen. Außerdem fürchtete man um die eigene Souveränität. So kam der Völkerbund als »Waisenkind« auf die Welt.

Was die Ächtung des Kriegs anging, war schon in der Satzung des Völkerbunds ein eingeschränktes Gewaltverbot vorgesehen.[7] Noch stärker Ausdruck fand dieser historische Sinneswandel im Briand-Kellogg-Pakt von 1928, in dem 15 Staaten einen gegenseitigen Kriegsverzicht unterzeichneten. In Artikel I des Dokumentes heißt es:

Die Hohen Vertragsschließenden Parteien erklären feierlich im Namen ihrer Völker, daß sie den Krieg als Mittel für die Lösung internationaler Streitfälle verurteilen und auf ihn als Werkzeug nationaler Politik in ihren gegenseitigen Beziehungen verzichten.[8]

Zu den 15 Gründerstaaten gehörte neben den USA und Frankreich auch das Deutsche Reich. Bis 1939 hatten insgesamt 60 Staaten den Pakt unterzeichnet. Leider enthielt der Vertrag keine Klausel, wie man diejenigen, die gegen ihn verstoßen, zur Rechenschaft ziehen würde. So blieb er wirkungslos.

Bankrotterklärung – Klappe, die zweite: Der Zweite Weltkrieg

Auch die Ziele des Völkerbunds wurden von den Mitgliedsstaaten bestenfalls halbherzig verfolgt. Sie blieben in ihren nationalen Interessen gefangen. Weder konnte sich der Völkerbund 1931 bei Japans Angriff auf China durchsetzen noch zeigten sich die Sanktionen gegen Italien wegen der Eroberung Abessiniens im Jahr 1935 wirkungsvoll. Beim sogenannten Anschluss Österreichs an Nazi-Deutschland 1938 protestierte lediglich Mexiko. Schon fünf Jahre zuvor waren Deutschland und Japan ausgetreten. Ihnen folgten weitere Mitglieder. Der Völkerbund konnte den Zweiten Weltkrieg nicht verhindern und auch seinen Verlauf nicht beeinflussen. In Folge beschlossen die verbliebenen 34 Mitglieder 1946 seine Auflösung.

Nach dem Überfall des Deutschen Reichs auf Polen im Jahr 1939 entbrannte ein weltweiter Krieg mit Massenmorden und zahllosen Kriegsverbrechen. Insgesamt wurden Schätzungen zufolge mehr als 70 Millionen Menschen getötet, davon 24 Millionen allein in der Sowjetunion. Mehr als die Hälfte der Opfer waren Zivilisten, die meisten zählte China.[9] Sechs Millionen Juden wurden während des Holocausts auf barbarische Weise ermordet, dazu kommen sieben Millionen sowjetische Zivilisten. Weitere drei Millionen überlebten die Kriegsgefangenschaft im Deutschen Reich nicht. Etliche Angehörige von Minderheiten wie Sinti und Roma, Zeugen Jehovas, Menschen mit Behinderung und Homosexuelle mussten grundlos sterben.[10]

Bereits während des Zweiten Weltkriegs entstand die Idee, eine neue, im Vergleich zum gescheiterten Völkerbund machtvollere internationale Organisation zu gründen, die den Weltfrieden sichern sollte. Am 1. Januar 1942 unterzeichneten 26 Staaten unter der Ägide Großbritanniens, der Sowjetunion und den USA die Erklärung Vereinter Nationen. Mit der Unterschrift verpflichteten sie sich zur gegenseitigen Unterstützung gegen die Achsenmächte Deutschland, Italien und Japan. Weitere 19 Staaten unterzeichneten die Vereinbarung noch bis 1945. Außerdem geschah etwas Bahnbrechendes: Ein Teil der Drahtzieher musste sich beim Nürnberger Prozess vor einem internationalen Gericht verantworten. Erstmals zog ein Verfahren gegen unvorstellbare Kriegsverbrechen die Aufmerksamkeit der ganzen Welt auf sich.

Blicken wir aber zunächst auf die Landschaft der internationalen Organisationen, die sich nach dem Zweiten Weltkrieg herausgebildet hat. Sie prägt bis heute die Weltordnung und sowohl unser Verständnis als auch die Grundlagen des Völkerrechts.

Die UNO: Eine Weltorganisation als Neuanfang

Aus der Präambel – der feierlichen Einleitung – der UN-Charta, die am 26. Juni 1945 in San Francisco unterzeichnet wurde:

Wir, die Völker der Vereinten Nationen – fest entschlossen, künftige Geschlechter vor der Geißel des Krieges zu bewahren, die zweimal zu unseren Lebzeiten unsagbares Leid über die Menschheit gebracht hat, unseren Glauben an die Grundrechte des Menschen, an Würde und Wert der menschlichen Persönlichkeit, an die Gleichberechtigung von Mann und Frau sowie von allen Nationen, ob groß oder klein, erneut zu bekräftigen, Bedingungen zu schaffen, unter denen Gerechtigkeit und die Achtung vor den Verpflichtungen aus Verträgen und anderen Quellen des Völkerrechts gewahrt werden können, den sozialen Fortschritt und einen besseren Lebensstandard in größerer Freiheit zu fördern, und für diese Zwecke Duldsamkeit zu üben und als gute Nachbarn in Frieden miteinander zu leben, unsere Kräfte zu vereinen, um den Weltfrieden und die internationale Sicherheit zu wahren, Grundsätze anzunehmen und Verfahren einzuführen, die gewährleisten, daß Waffengewalt nur noch im gemeinsamen Interesse angewendet wird, und internationale Einrichtungen in Anspruch zu nehmen, um den wirtschaftlichen und sozialen Fortschritt aller Völker zu fördern – haben beschlossen, in unserem Bemühen um die Erreichung dieser Ziele zusammenzuwirken.[11]

In Kapitel 1, Artikel 2 unter Ziffer 3 enthält die Charta außerdem ein Friedensgebot der Staaten in ihren Beziehungen untereinander: »Alle Mitglieder legen ihre internationalen Streitigkeiten durch friedliche Mittel so bei, daß der Weltfriede, die internationale Sicherheit und die Gerechtigkeit nicht gefährdet werden.«[12]

Nach dem Ende des Zweiten Weltkriegs konnte man die Idee einer neuen Weltorganisation schließlich umsetzen.

51 Staaten kamen 1945 zusammen, um die UN-Charta aus-zuarbeiten.[13] Die Ziele und Prinzipien der UN, wie sie in der Charta festgeschrieben sind, haben sich im Wesentlichen seit 1945 nicht verändert: Frieden und Sicherheit, Menschenrechte und nachhaltige Entwicklung. 1948 einigten sich die Mitgliedsländer auf die Allgemeine Erklärung der Menschenrechte. Das bedeutet: Die Menschenwürde und die gleichen und unveräußerlichen Rechte eines und einer jeden bilden die Grundlage von Freiheit, Gerechtigkeit und Frieden in der Welt. Außerdem waren damit nicht mehr nur die einzelnen Staaten dafür verantwortlich, ihren Bürgerinnen und Bürger diese Rechte zu gewährleisten, sondern auch die internationale Gemeinschaft. Alle Mitgliedsstaaten einigten sich damals auf dieses universelle Wertesystem – allen Spannungsverhältnissen, beispielsweise was Fragen der Gleichberechtigung der Geschlechter oder Religions- und Glaubensfreiheit angeht, zum Trotz.

Aber: Die UNO ist keine Weltregierung und kann keine Gesetze erlassen. Es sind ihre Mitgliedsstaaten, die Entscheidungen treffen – oder eben nicht. Die Vereinten Nationen verfügen über zahlreiche Haupt-, Neben-, Sonderorganisationen und Programme, die gemeinsam das komplexe UN-System ausmachen. Alle 193 Mitgliedsstaaten bilden die Generalversammlung, in der sie jeweils eine Stimme haben. Diese kann über eine große Bandbreite von Themen diskutieren und abstimmen. Die Entscheidungen werden im Konsens getroffen, sind allerdings völkerrechtlich nicht bindend.

Das gilt nämlich nur für die Resolutionen des UN-Sicherheitsrats, das mächtigste Organ der UNO. Fünf ständige und zehn nichtständige Mitglieder tragen hier nach der UN-Charta die Hauptverantwortung für die Wahrung des Weltfriedens und der internationalen Sicherheit. Nur der

Sicherheitsrat kann beschließen, die berühmten Blauhelme, Soldaten der internationalen Gemeinschaft, zur Friedenssicherung (*Peacekeeping*) in andere Länder zu entsenden. Außerdem ist er in der Lage, den Internationalen Strafgerichtshof zu beauftragen – oder wäre es, besser gesagt. Das setzt nämlich voraus, dass keines der fünf ständigen Mitglieder von seinem Vetorecht Gebrauch macht und den Beschluss verhindert.

Zum System der UN gehört auch der Internationale Gerichtshof. Er behandelt Rechtsstreitigkeiten zwischen Staaten, wie zum Beispiel über Grenzen und Ressourcen. Die Durchsetzung seiner Urteile kann nur über eine Resolution des Sicherheitsrats erfolgen.[14]

Die Genfer Konvention: Schutz der Menschen im Krieg

Bezüglich Zivilpersonen und Militärs nach ihrer Kapitulation gilt:

> Zu diesem Zwecke sind und bleiben in Bezug auf die oben erwähnten Personen jederzeit und jedenorts verboten:
>
> a. Angriffe auf Leib und Leben, namentlich Mord jeglicher Art, Verstümmelung, grausame Behandlung und Folterung;
>
> b. die Gefangennahme von Geiseln;
>
> c. Beeinträchtigung der persönlichen Würde, namentlich erniedrigende und entwürdigende Behandlung;
>
> d. Verurteilungen und Hinrichtungen ohne vorhergehendes Urteil eines ordnungsmäßig bestellten Gerichtes, das die von den zivilisierten Völkern als unerlässlich anerkannten Rechtsgarantien bietet.[15]

Dazu unter anderem verpflichteten sich die Unterzeichner des Genfer Abkommens 1949. In diesem Jahr erweiterten die Staaten – und zwar alle, die damals existierten – die 1864 entstandene Konvention um vier weitere. Mit der ersten und zweiten Genfer Konvention erklärten die Unterzeichner, dass sie als kriegführende Parteien Verwundete, Kranke und Schiffbrüchige sowie medizinisches Personal, Ambulanzen und Spitäler schützen wollen. Die dritte Konvention regelt die Behandlung von Kriegsgefangenen, und die vierte enthält Regeln zum Schutz der Zivilbevölkerung, sowohl im eigenen Land als auch in besetzten Gebieten. 1977 wurden die Konventionen um Zusatzprotokolle ergänzt, die weitere Aspekte berücksichtigten, wie etwa Regeln für internationale Konflikte.

Das Internationale Komitee vom Roten Kreuz (IKRK) kontrolliert die Einhaltung der Konventionen und darf zu diesem Zweck beispielsweise auch Gefangenenlager besuchen. Die Berichte darüber leitet es allerdings nur an die betreffende Partei weiter. Diese vertrauliche Behandlung sieht das IKRK als Grundlage seiner Neutralität, die ihm den Zugang zu den Lagern überhaupt erst ermöglicht. Das ist auch der Grund dafür, dass es nur wenige Berichte von Nichtregierungsorganisationen (NGOs) wie beispielsweise Amnesty International oder von unabhängigen Medien gibt, die Verletzungen der Genfer Konventionen dokumentieren. Seit 1991 können außerdem Internationale Humanitäre Ermittlungskommissionen durch die UN eingesetzt werden, die allerdings lediglich investigative Aufgaben erfüllen.

Die Genfer Konventionen enthalten keine Klauseln zu möglichen Sanktionen, sondern sind eine freiwillige Selbstverpflichtung. Allerdings erlegen sie es den unterzeichnenden Staaten auf, Verstöße selbst zu ahnden. In Deutschland beispielsweise gelten Verletzungen der Genfer Konventionen seit 2002 durch das Völkerstrafgesetzbuch als rechtlich zu verfolgende Tatbestände. Die Genfer Konventionen und ihre Zusatzprotokolle gehören zum Völkergewohnheitsrecht und gelten für alle Staaten und alle Konfliktparteien.

Der Europarat: Menschenrechte als Grundlage für Frieden in Europa

In den Artikeln seines Vertrages steht, »dass es das Ziel des Europarats ist, eine engere Verbindung zwischen seinen Mitgliedern herzustellen, und dass eines der Mittel zur Erreichung dieses Zieles die Wahrung und Fortentwicklung der Menschenrechte und Grundfreiheiten ist; in Bekräftigung ihres tiefen Glaubens an diese Grundfreiheiten, welche die Grundlage von Gerechtigkeit und Frieden in der Welt bilden [...].«[16]

Eine beeindruckende Erklärung. Nur ein Jahr nach seiner Gründung verabschiedete der Europarat 1950 die Europäische Konvention zum Schutze der Menschenrechte und Grundfreiheiten (EMRK). Darin enthalten sind die wichtigsten Freiheitsrechte etwa auf Leben, Freiheit, Sicherheit und fairen Prozess sowie Gedanken-, Gewissens-, Meinungs- und Religionsfreiheit, das Verbot von Folter und das Diktum, demzufolge keine Strafe ohne Gesetz verhängt werden darf. Jeder Staat, der zu den derzeit 47 Mitgliedern des Europarats zählen möchte, muss die EMRK ratifizieren. Das ermöglicht es den Bürgern dieser Länder, beim Europäischen Gerichtshof für Menschenrechte in Straßburg Beschwerde gegen zuwiderhandelnde Staaten einzulegen, sofern die eigene Person betroffen ist – allerdings nur, wenn bereits alle vor Ort zur

Verfügung stehenden Rechtsmittel ausgeschöpft sind. Wer beispielsweise sein Recht auf freie Meinungsäußerung als verletzt ansieht, der muss sich erst durch alle Instanzen des Staats, in dem er lebt, klagen, bevor er sich an den Europarat wenden kann. Prinzipiell sind die dort getroffenen Urteile für die einzelnen Staaten bindend.[17]

Der permanente Internationale Strafgerichtshof

Das Rom-Statut, welches die Grundlage des Internationalen Strafgerichtshofs bildet, beginnt mit den folgenden Worten:

Die Vertragsstaaten dieses Statuts – im Bewusstsein, dass alle Völker durch gemeinsame Bande verbunden sind und ihre Kulturen ein gemeinsames Erbe bilden, und besorgt darüber, dass dieses zerbrechliche Mosaik jederzeit zerstört werden kann, eingedenk dessen, dass in diesem Jahrhundert Millionen von Kindern, Frauen und Männern Opfer unvorstellbarer Gräueltaten geworden sind, die das Gewissen der Menschheit zutiefst erschüttern, in der Erkenntnis, dass solche schweren Verbrechen den Frieden, die Sicherheit und das Wohl der Welt bedrohen, [...], entschlossen, der Straflosigkeit der Täter ein Ende zu setzen und so zur Verhütung solcher Verbrechen beizutragen, [...], im festen Willen, zu diesem Zweck und um der heutigen und der künftigen Generationen willen einen mit dem System der Vereinten Nationen in Beziehung stehenden unabhängigen ständigen Internationalen Strafgerichtshof zu errichten, der Gerichtsbarkeit über die schwersten Verbrechen hat, welche die internationale Gemeinschaft als Ganzes berühren [...], entschlossen, die Achtung und die Durchsetzung der internationalen Rechtspflege dauerhaft zu gewährleisten – sind wie folgt übereingekommen [...].[18]

Seit 2002 gibt es den permanenten Internationalen Strafgerichtshof mit Sitz in Den Haag zur Verfolgung derjenigen, die sich der schwersten Verbrechen schuldig machen: Kriegsverbrechen, Verbrechen gegen die Menschlichkeit, Genozide und Angriffskriege. Basis ist das Rom-Statut, das die Mitgliedsstaaten – 2002 noch 60, 2003 schon 90 –, wie bereits erwähnt, unterzeichnet und ratifiziert haben müssen. Ihre Zahl schwankt, zwischenzeitlich waren es 124, im Jahr 2016, aktuell sind es 123. Große und bedeutende Staaten wie die Volksrepublik China, Indien, Pakistan, Russland, die USA, aber auch Israel und der Iran gehören nicht dazu.

Derzeit sind dort etwa 900 Menschen beschäftigt, darunter 18 hauptamtliche Richter, die maximal neun Jahre im Amt sein dürfen und alle aus verschiedenen Staaten kommen müssen. Sie sollen die wichtigsten Rechtssysteme der Welt abbilden. Die Anklagebehörde ist ein unabhängiges Organ des Gerichtshofs. Die Chefanklägerin, ebenfalls für neun Jahre gewählt, führt Ermittlungen und Untersuchungen durch. Nur sie ist in der Lage, Fälle vor das Gericht zu bringen. Seit 2012 bekleidet die Gambierin Fatou Bensouda dieses Amt. Zuvor war sie unter anderem als Anklägerin in das Ruanda-Tribunal involviert. Im Juni 2021 übernimmt voraussichtlich der Brite Karim Khan den Posten.

Die Organe des Internationalen Strafgerichtshofs sind: ein Präsidium, drei richterliche Abteilungen, eine Anklagebehörde und eine Kanzlei. Die leitende Instanz ist das Präsidium, dessen Präsident und zwei Vizepräsidenten unter den Richtern gewählt werden. Die Kanzlei übernimmt unterstützende Aufgaben, die nicht mit der Rechtsprechung zusammenhängen, wie etwa Verwaltungsangelegenheiten. Amtssprachen sind Englisch und Französisch. Wichtig ist, dass der Gerichtshof aus Gründen der Unabhängigkeit nicht zur UNO gehört.

Seine Aufgabe besteht darin, die folgenden Verbrechen zu ahnden: Kriegsverbrechen, Verbrechen gegen die Menschlichkeit, Genozid und Aggression. Diese Straftatbestände stellen unterschiedliche Herausforderungen an die Ermittler. Erstere verstoßen gegen die Regeln des in internationalen oder regionalen bewaffneten Konflikten anwendbaren Völkerrechtes, beispielsweise die Genfer Konventionen. Unter Verbrechen gegen die Menschlichkeit fallen hingegen Straftaten wie Mord, Vergewaltigung, Folter und Menschenhandel. Das Besondere hierbei ist, dass sich die Taten systematisch gegen die Zivilbevölkerung richten, die Opfer also als Individuen verstanden werden. Genozid bezeichnet die geplante Vernichtung einer ethnisch, national oder religiös definierten Bevölkerungsgruppe. Die Schwierigkeit liegt dabei in der Beweisführung. Denn die Anklage muss zeigen können, dass der Täter einen Plan und eine konkrete Intention hatte. Benötigt werden Zeugenaussagen, Unterlagen, Protokolle und Absichtserklärungen. Solche Beweise sind schwer zu bekommen.

Erst seit 2018 ist der Internationale Strafgerichtshof auch für den Straftatbestand der Aggression zuständig und kann folglich gegen die Verursacher von Angriffskriegen vorgehen. Nach Artikel 8bis des Römischen Statuts besteht Aggression in der »Planung, Vorbereitung, Einleitung oder Ausführung einer Angriffshandlung, die ihrer Art, ihrer Schwere und ihrem Umfang nach eine offenkundige Verletzung der Charta der Vereinten Nationen darstellt, durch eine Person, die tatsächlich in der Lage ist, das politische oder militärische Handeln eines Staates zu kontrollieren oder zu lenken.«[19]

Aber wann kann der Gerichtshof einschreiten? Genau dann, wenn entweder a) eine angeklagte Person einem Mitgliedsland angehört, b) eine Tat auf dem Gebiet eines Mitgliedslands verübt wurde oder c) ein Nicht-Mitgliedsstaat die Gerichtsbarkeit des Internationalen Strafgerichtshofs befürwortet und ein Verbrechen dort vor Gericht bringen will. Es gibt zudem eine Ausnahme: Wenn ein Fall außerhalb seiner Zuständigkeit fällt, kann der UN-Sicherheitsrat dem Gerichtshof per Resolution die Jurisdiktion zuteilen, wie zum Beispiel in Darfur und in Libyen geschehen, nicht jedoch in Syrien. Denn es ist in diesen Fällen wiederum der politische Wille, der bestimmt, ob das Recht durchgesetzt wird oder nicht. Der Ablauf erfolgt nicht automatisch nach dem Schema: »Verletzung von Menschen- und Völkerrecht, Bescheid an den UN-Sicherheitsrat, Resolution«. Stattdessen legen die Vertreter internationaler Organisationen oder einzelner Staaten dem Sicherheitsrat Informationen zu einer völkerrechtswidrigen Situation vor, auf deren Grundlage er ermitteln und eine Entscheidung fällen kann. Diese wird stark von den nationalen Interessen der Mitglieder im Sicherheitsrat, vor allem der fünf Vetomächte, beeinflusst.

Darüber hinaus gibt es noch eine weitere wichtige Voraussetzung für das Einschreiten des Internationalen Strafgerichtshofs, nämlich das sogenannte Komplementaritätsprinzip. Demnach ist er nur dann zuständig, wenn die nationalen Gerichte nicht willens oder fähig sind, zu verhandeln. Das Credo lautet, die nationale Rechtsprechung nicht zu ersetzen, sondern sie zu ergänzen. Diese Regelung sollte zum einen dem Wunsch der Staaten nach Souveränität Rechnung tragen. Zum anderen hat sie aber auch das Ziel, die nationalen Gerichte zu eigener Tätigkeit zu verpflichten.

Der Internationalen Strafgerichtshof ist schließlich noch auf eine andere Weise nicht völlig unabhängig: Als rein juristische Instanz verfügt er nämlich über keine eigene Polizei. Folglich ist er auf die Kooperation der einzelnen Länder etwa bei Verhaftungen angewiesen.[20] Und nicht zuletzt hat er natürlich kein eigenes Budget, sondern wird von seinen Mitgliedsstaaten finanziert.

Keine Gerechtigkeit ohne politischen Willen

Diese Übersicht zeigt: Die Grundlagen des Völkerrechts haben sich über die Jahrhunderte zu einem hochgradig komplexen und differenzierten System entwickelt. Die Erfahrungen aus den verheerenden Kriegen vor allem des 20. Jahrhunderts wurden aufgegriffen und in Abkommen und Verträge gegossen. Die Staaten haben außerdem internationale Organisationen gegründet, um ihre Einhaltung zu gewährleisten. Aber es wird auch deutlich, dass sowohl die Grundlagen als auch die Instrumente zu ihrer Durchsetzung vielfältig sind, in vielen Fällen nebeneinanderstehen und nicht miteinander kooperieren müssen. Wo genau die Kompetenzen liegen, ist nicht immer klar. Zwar hat das internationale Recht prinzipiell Vorrang vor dem nationalen, aber die einzelnen Staaten halten sich nicht immer an diese Ordnung. Die gewichtigste Instanz ist letzten Endes der UN-Sicherheitsrat, da seine Resolutionen stets bindend sind. Aber diese entstehen entweder einstimmig oder gar nicht. Und das Veto der permanenten Mitglieder ist ein mächtiges Instrument, dass jeder Resolution auf der Stelle Einhalt gebieten kann.

Das in diesem Kapitel vorgestellte institutionelle Muster sollte zeigen, dass der politische Wille der einzelnen Länder das entscheidende Kriterium darstellt, wenn es um die Durchsetzung des internationalen Rechts geht: Ist er da, kann man alles erreichen. Fehlt er hingegen, erreicht man gar nichts.

Kriegsverbrecher vor Gericht

Die Erfahrung, dass die Einhaltung des internationalen Rechts vom politischen Willen der mächtigsten Staaten abhängt, habe ich als Chefanklägerin der Tribunale von Jugoslawien und Ruanda und als Mitglied der UN-Untersuchungskommission für Syrien immer wieder gemacht. Aber blicken wir zunächst auf das historisch erste Tribunal, das Kriegsverbrechen auf einer internationalen Bühne verhandelte und aus dem ein eindeutiger politischer Wille zur Gerechtigkeit sprach: der Nürnberger Prozess.

Wie bestraft man Völkermord?
Die Prozesse von Nürnberg und Tokio

Es war immer nützlich zu erwähnen, dass die Tribunale von Jugoslawien und Ruanda in direkter Abstammung zum Nürnberger Prozess standen. Das verlieh uns Legitimität und Ansehen. Der Nürnberger Prozess war die Geburtsstunde vieler Tatbestände der heutigen internationalen Strafgerichtsbarkeit, wie dem Genozid oder der Verbrechen gegen die Menschlichkeit. Der Begriff »Genozid« geht zurück auf den Friedensforscher und Juristen Raphael Lemkin, der ihn 1943 prägte. Zwar tauchte er vereinzelt bereits im 19. Jahrhundert auf, aber Lemkin überführte ihn ins Völkerrecht, als er nach einem Wort suchte, das die Vernichtungsaktionen des NS-Regimes in Polen zu beschreiben vermochte. Begriffe wie »Vandalismus« oder »Barbarei« seien unspezifisch und letztlich beschönigend. Hersch Lauterpacht, ein Jurist aus Cambridge, führte hingegen die Verbrechen gegen die Menschlichkeit in den Prozess ein. Neu war nicht nur der Begriff, sondern auch die darin enthaltene Bedeutung. Nunmehr richteten sich die bezeichneten Taten nicht nur gegen Staaten, sondern gegen die Menschlichkeit selbst – und mithin die gesamte Menschheit. Sowohl Lemkin als auch Lauterpacht waren persönlich vom Holocaust betroffen.

Man muss dennoch sagen, dass der Prozess von Nürnberg anders funktionierte als die Tribunale der 1990er-Jahre. Denn damals waren es die Siegerstaaten, die das Gericht führten, während die Tribunale von Jugoslawien und Ruanda vom Sicherheitsrat einberufen wurden. Außerdem hatten sie damals alle Beweise, es lag alles auf dem Tisch. Man musste kaum ermitteln.

Im Oktober 1946 wurden im Zuge des Internationalen Militärtribunals erstmals in der Geschichte Hauptkriegsverbrecher verurteilt, zu langen Freiheitsstrafen oder sogar zum Tod. Die Basis dafür bildete das Viermächteabkommen von 1945. Dieses enthielt bereits ein Statut für den Gerichtshof in Nürnberg auf der Rechtsgrundlage eines völkerrechtlichen Vertrags. Am bekanntesten ist der Prozess gegen die Hauptkriegsverbrecher, bei dem die USA, Großbritannien, die Sowjetunion und Frankreich 21 Personen und 6 Organisationen anklagten. Ursprünglich wären es 24 Angeklagte gewesen, aber lediglich 21 davon kamen tatsächlich vor Gericht, denn einer beging Selbstmord, einem gelang die Flucht und einem konnte der Prozess aus gesundheitlichen

Gründen nicht gemacht werden. Mit ihnen war man 1946 fertig. Daneben gab es zwölf weitere Prozesse, die sich bis 1949 hinzogen. Diese Nachfolgeprozesse führten die USA im Alleingang, ohne das Internationale Militärtribunal, durch. Von den insgesamt 209 angeklagten Nationalsozialisten aus Politik, Wirtschaft, Militär und Verwaltung wurden 36 zum Tod verurteilt. Kriegsverbrecher wie Adolf Hitler, Heinrich Himmler und Joseph Goebbels hatten sich durch Selbstmord dem Gericht entzogen, andere flüchteten.

Natürlich wurden Stimmen laut, dass es sich bei den Prozessen in Nürnberg um Siegerjustiz gehandelt habe, da lediglich deutsche Kriegsverbrecher vor Gericht stehen mussten. Jedoch argumentierte man moralisch, nämlich dass die unvorstellbaren Gräueltaten der Aggressoren wohl kaum im Verhältnis zu den Abwehrhandlungen der Angegriffenen gestanden hätten. Rückblickend lässt sich festhalten, dass die Prozesse von Nürnberg maßgeblich zur Aufklärung der NS-Verbrechen beigetragen haben. Sie dokumentierten das Unvorstellbare und zogen erstmals in der Geschichte Politiker und Militärs persönlich für ihr Handeln zur Verantwortung.

Auch die Prozesse von Tokio, die bis 1948 andauerten, gelten in derselben Weise als bahnbrechend, fanden jedoch sowohl in der Öffentlichkeit als auch in der Rechtswissenschaft weit weniger Beachtung. Von den 28 Hauptangeklagten wurden 25 schuldig gesprochen, 7 davon erhielten die Todesstrafe, der Rest langjährige Haftstrafen.[1] Eine große öffentliche und fachliche Diskussion löste die Tatsache aus, dass der japanische Kaiser, der Tenno, der ursprünglich auf der Liste der Hauptkriegsverbrecher ganz oben stand, von ebendieser Liste gestrichen wurde. Der Grund dafür lag darin, dass die USA seine Autorität für ihre Besatzungspolitik instrumentalisieren und einen reibungslosen Ablauf garantieren wollten. Auch sah man in ihm ein Bollwerk gegen die Ausbreitung des Kommunismus, der zu dieser Zeit in großen Teilen Asiens an Bedeutung gewann.[2] An diesem Beispiel lässt sich erneut deutlich ablesen, wie abhängig das internationale Recht von politischen Zielen ist.

Dennoch haben die Prozesse etwas Bedeutendes ganz klar gezeigt: Verfolgung und Verurteilung durch das Völkerstrafrecht sind unter der Voraussetzung des politischen Willens auch auf den höchsten Ebenen möglich, und selbst dann, wenn die Gesetze des Staates, wie in diesen Fällen Nazi-Deutschlands und des Japanischen Kaiserreichs, die begangenen Verbrechen legitimiert hatten. Genau das macht sie so wichtig.

Das Jugoslawien-Tribunal: Ein Meilenstein im Völkerrecht

Ich bin stolz auf die Arbeit, die wir mit dem Jugoslawien-Tribunal, bei dem ich ab 1999 als Chefanklägerin fungierte, geleistet haben. Man kann mit Fug und Recht behaupten, dass seine Einberufung durch den UN-Sicherheitsrat per Resolution im Jahr 1993 die Geburtsstunde der internationalen Justiz war. Gegenüber dem Nürnberger Prozess, der in letzter Instanz – wenn auch im besten Sinn – von den Siegermächten eines Kriegs geführt wurde, zeichnet sich das Jugoslawien-Tribunal nämlich durch die Beteiligung der gesamten internationalen Gemeinschaft aus. Das erste Mal seit Nürnberg und Tokio – also seit Jahrzehnten – brachten wir die hohen politischen und militärischen Verantwortlichen für Kriegsverbrechen, Verbrechen gegen die Menschlichkeit und Völkermord vor Gericht. Nicht die Helfershelfer, sondern diejenigen, die am Regierungstisch gesessen und beschlossen hatten, derart schwere Straftaten zu veranlassen.

Der größte Erfolg und gleichzeitig der, der weltweit am meisten Aufmerksamkeit erregte, war, dass wir Slobodan Milošević, den ehemaligen Präsidenten Jugoslawiens, verhaften und vor Gericht stellen konnten. Zum ersten Mal in der Geschichte musste sich ein Staatsoberhaupt vor einem internationalen Tribunal verantworten. Ich erinnere mich noch genau an den Moment, als ich ihm bei der ersten Verhandlung im Gerichtshof begegnet bin – wenn Blicke töten könnten, wäre ich damals gestorben.

Das Jugoslawien-Tribunal war auch dahingehend wichtig, dass es den Opfern Gerechtigkeit verschafft hat, selbst wenn die Verstorbenen nicht zurückkehren können. Aber die symbolische Wirkung eines Sieges der Gerechtigkeit und der Verurteilung eines Schuldigen ist gewaltig und bedeutet den Hinterbliebenen viel. Viele von ihnen erdulden ihr Schicksal dann besser. Ich erinnere mich an eine Mutter aus Bosnien, die in ihrem Heimatort mehrmals vergewaltigt worden war. Danach befahlen ihr die Täter, ein Messer aus der Küche zu holen, mit dem sie daraufhin ihre drei Kinder ermordeten. Den Hauptverantwortlichen, einen ranghohen Militär – wenn auch nicht auf Führungsebene –, konnten wir verhaften. Zunächst wollte ich ihn den nationalen Behörden übergeben. Aber die Frau – ich habe sie kennengelernt – hat mich weinend darum gebeten, dass er vor den Internationalen Gerichtshof soll. Sie hatte kein Vertrauen in die nationalen Behörden und befürchtete, dass er straffrei davonkommt. Das Internationale Tribunal hat ihn dann zu 27 Jahren verurteilt. Und diese 27 Jahre sind volle 27 Jahre, nicht zwei Drittel oder ein Drittel. Dieser Mann hatte Tausende Opfer auf dem Gewissen.

Leid kann man nicht messen. Aber um einen Eindruck von der Dimension dieses Kriegs im ehemaligen Jugoslawien zu bekommen, nenne ich hier die Zahlen der Todesopfer, welche die Demografen meines Büros damals zusammengetragen hatten: Im Kroatienkrieg von 1991 bis 1995 kamen 10 000 bis 15 000 Menschen ums Leben, in Bosnien von 1992 bis 1995 waren es 103 000, davon mehr als die Hälfte Zivilisten. Im Kosovokrieg zwischen 1998 und 1999 starben zwischen 9 000 und 12 100 Albaner sowie 3 000 serbische Soldaten und Zivilisten. Die Luftangriffe der NATO haben den Tod von 495 Zivilisten zu verantworten, die meisten von ihnen Serben.[3]

2017 beendete das Ad-hoc-Tribunal für Jugoslawien seine Arbeit. Im Verlauf von insgesamt fast 11 000 Prozesstagen waren mehr als 4 000 Zeugen vernommen und 2,5 Millionen Beweisstücke gesichtet worden.[4] 161 Personen wurden angeklagt, 90 davon verurteilt, 19 freigesprochen, 13 Verfahren an nationale Gerichte übergeben und 37 Anklagen zurückgezogen. Zwei gingen an die Nachfolgeorganisation, den Internationalen Residualmechanismus für die Ad-hoc-Strafgerichtshöfe von Jugoslawien und Ruanda, der die offenen Verfahren zum Abschluss bringt und weitere wiederaufnimmt.[5] Zwei Drittel der schuldig Gesprochenen waren Serben, dazu kamen Kroaten, Kosovo-Albaner und Bosnier.[6] Ihre Strafen sitzen sie in verschiedenen Gefängnissen in ganz Europa ab, zum Beispiel in Dänemark, Schweden und Norwegen. Biljana Plavšić, wegen Verbrechen gegen die Menschlichkeit in der »Republika Srpska«,[7] einem bis 1995 international nicht anerkannten Staat unter der Herrschaft der bosnisch-serbischen Armee, zu elf Jahren Haft verurteilt, brachte man nach Schweden. Sie sagte, das Gefängnis dort sei wie ein Wellness-Bad. Das konnten die ruandischen Verurteilten nicht behaupten, die in diversen Gefängnissen auf dem afrikanischen Kontinent bei 43 Grad ohne Klimaanlage einsaßen.

Obwohl wir von mancher Seite dahingehend kritisiert wurden, dass die Justiz einseitig gegen serbische Kriegsverbrecher ermittelt habe, bin ich der Meinung, dass unsere Ergebnisse die Realität der Kriege auf dem Balkan widerspiegelt – sofern eine Aussage dieser Art überhaupt möglich ist. Aber damit greife ich bereits voraus. Blicken wir zunächst auf die Anfänge dieses Tribunals zurück.

Wie alles begann

Im Jahr 1993 dauerte der Krieg im ehemaligen Jugoslawien schon zwei Jahre und war geprägt von weitläufigen, willkürlichen Gewalttaten gegen Zivilisten hauptsächlich in Kroatien und Bosnien-Herzegowina. Zu dieser Zeit vertrat Madeleine Albright die USA im UN-Sicherheitsrat. Sie war diejenige, die nach internationaler Justiz für die vielen Opfer in diesem Krieg verlangte. Tausende Menschen hatte man bereits ermordet, gefoltert, vergewaltigt und aus ihrer Heimat vertrieben. Selbstverständlich ging Albrights Engagement eine Regierungsentscheidung der USA voraus. Dennoch gilt sie als Mutter der Institution, deren offizielle Bezeichnung Internationaler Strafgerichtshof für das ehemalige Jugoslawien lautete. Er nahm seine Arbeit 1993 auf und beendete sie im Jahr 2017. Nach Artikel 7 der UN-Charta war es möglich, ein internationales Tribunal zu gründen. Aus diesem Grunde kam dem Sicherheitsrat der Vereinten Nationen die Aufgabe zu, diesen ersten, von der UNO initiierten Strafgerichtshof in der Geschichte per Resolution ins Leben zu rufen.

Warum war es wichtig, die Justiz auf internationaler Ebene auszuüben? Weil es sonst gar nicht möglich gewesen wäre, gegen einen Präsidenten oder einen hohen politischen oder militärischen Verantwortlichen wegen Kriegsverbrechen, Verbrechen gegen die Menschlichkeit und Genozid vorzugehen. In Jugoslawien beispielsweise, dem heutigen Serbien, wollte niemand Milošević vor Gericht stellen. Das hatte nicht nur rein ideologische Gründe, sondern vollzog sich in vielen Fällen auch vor dem Hintergrund, keine politischen Unruhen auszulösen oder den eigenen Posten zu retten.

Aus heutiger Sicht, mit Syrien im Hinterkopf, ist es überraschend, aber damals war sich der UN-Sicherheitsrat einig, dass man etwas gegen die Verbrechen im ehemaligen Jugoslawien unternehmen müsse. Es gab kein Veto, alle stimmten zu. Ein Grund lag wahrscheinlich darin, dass so ein Gerichtshof etwas völlig Neues war. Manche der Staaten rechneten vielleicht nicht damit, dass der er wirklich seine Arbeit tun würde, sondern gingen davon aus, dass ohnehin nichts geschieht. Wichtig ist des Weiteren, dass im Jugoslawien-Krieg die Medien und viele NGOs präsent waren. Jeden Abend konnte man weltweit im Fernsehen sehen, was dort vor sich geht, und alle wussten über die Kriegsverbrechen Bescheid. Das löste damals Druck auf die Staatengemeinschaft aus: Man musste etwas tun. Das sah auch Russland so. Und China, das nach Russland geschielt und dann genauso entschieden hat. Es ist dennoch wichtig festzuhalten, dass die USA damals die treibende Kraft hinter diesem Gerichtshof waren. Die Strafprozessordnung kam von dort, ebenso wie zahlreiches Personal – zum Beispiel Richter und Ermittler – sowie ein Großteil der Finanzierung. Das Budget betrug beispielsweise 1998 etwa 64 Millionen US-Dollar und 1999 ungefähr 94 Millionen US-Dollar. Allein der Anklagebehörde standen 1999 etwa 27 Millionen US-Dollar zur Verfügung.[8]

Das Tribunal mit Sitz in Den Haag ruhte auf drei Säulen: die Kammern, welche die Verhandlungen führten und denen jeweils drei Richter angehörten, das Büro der Chefanklägerin oder des Chefanklägers – hier wurden die Verfahren vorbereitet, also auch die Ermittlungen durchgeführt – und die Kanzlei, der im Wesentlichen unterstützende und administrative Aufgaben zukamen. Der Chefankläger wurde vom UN-Generalsekretär vorgeschlagen und vom UN-Sicherheitsrat ernannt. Im Dezember 1994 konnte das Tribunal seine Arbeit aufnehmen. Noch im gleichen Jahr gründete man zusätzlich das Ad-hoc-Tribunal für den Völkermord in Ruanda auf einer ähnlichen Basis.

Mein Einstieg als Chefanklägerin

Ich war die dritte Chefanklägerin und habe diese Aufgabe im Jahr 1999 übernommen. Zuvor hatte ich fünf Jahre als Bundesanwältin in der Schweiz gearbeitet. Das entspricht der Position des Generalstaatsanwalts in Deutschland. Als Bundesanwältin hatte ich die Ermittlungen gegen Straftaten geleitet, die auf Bundesebene verfolgt werden. Zudem war ich auch für internationale Rechtshilfe zuständig. Strafrecht, das hatte mich schon an der Universität besonders interessiert. Mir war und ist daran wichtig, dass ich Gerechtigkeit für die Opfer durchsetzen kann.

Ab 1999 leitete ich als Chefanklägerin die Anklagebehörde der Tribunale von Jugoslawien und Ruanda. Meine beiden Vorgänger hatten den Posten jeweils nur wenige Jahre inne. Der Chefankläger wird vom UN-Generalsekretär ernannt, damals Kofi Annan, den ich von dem Weltwirtschaftsforum in Davos kannte. Dort hatte ich als Bundesanwältin der Schweizerischen Eidgenossenschaft regelmäßig das Panel zu Korruption präsentiert. So lernten wir uns kennen. Der aus Ghana stammende Annan war von 1997 bis 2006 UN-Generalsekretär. Zuvor arbeitete er unter anderem als Chef der Peacekeeping-Abteilung der Vereinten Nationen. Der Höhepunkt seiner Karriere war sicherlich der Friedensnobelpreis, den er 2001 gemeinsam mit der UN für sein Engagement für eine friedlichere Welt erhielt. Er verstarb 2018.

Aber zurück in die 1990er-Jahre: Als damals der Posten des Chefanklägers erneut zu besetzen war, dachte Kofi Annan an die Schweiz und fragte die Regierung, ob ich als Kandidatin geeignet wäre. Daraufhin rief mich der Staatssekretär an und unterbreitete mir den Vorschlag. Meine erste Frage war: »Habe ich überhaupt Chancen?« Er antwortete: »Nein, Carla, leider nicht. Denn die Schweiz ist weder in der UNO noch in der NATO. Aber für unsere Außenpolitik ist es gut, wenn wir eine Kandidatin haben.« Zur Erklärung: Damals war die Schweiz noch nicht in der UNO, sie trat erst 2002 bei. Ich willigte ein, sah meine Kandidatur aber als eine politische Maßnahme an und rechnete mir keine Chancen aus. Im August darauf, ich war gerade im Urlaub, erreichte mich ein Anruf aus Bern: »Du musst nach New York zum UN-Generalsekretär.« Ich zögerte erst, denn wozu der Aufwand, wenn ich sowieso keine Chance hatte? Aber ich musste ohnehin für Ermittlungen nach Mexiko, daher konnte ich vorab in New York vorbeischauen. Meinen Urlaub wollte ich aber nicht abbrechen, darauf bestand ich – was man in Bern wenig begeistert aufnahm. Aber Kofi Annan war von mir überzeugt und schlug mich dem UN-Sicherheitsrat als Chefanklägerin vor. Ich wurde akzeptiert, und Mitte September zog ich mit einem Koffer, als ob ich in die Ferien fahren würde, nach Den Haag.

An meinen ersten Arbeitstag kann ich mich sehr gut erinnern. Ich musste sofort an einem Treffen teilnehmen, in dem es um ein delikates Rechtsproblem ging. Und dann die Ernüchterung – es fiel mir sehr schwer, den Beiträgen zu folgen. Dort saßen Juristen aus der ganzen Welt, und jeder sprach Englisch mit dem Akzent seiner Muttersprache. Ich kann eigentlich gut Englisch sprechen, daher war ich verblüfft, wie schwer es mir fiel, die verschiedenen Akzente zu verstehen. Am Anfang benötigte ich folglich einen Dolmetscher, aber nach zwei, drei Wochen hatte ich mich daran gewöhnt, und plötzlich ging es. Heute verstehe ich Englisch in allen Akzenten der Welt.

Von der juristischen Seite war ich hingegen sehr gut aufgestellt, denn ich hatte mich schon an der Universität Genf mit internationalem Recht beschäftigt, und meine jahrelange Erfahrung mit Staatsrecht kam mir ebenfalls zugute. Die historischen Fakten zu Jugoslawien fehlten mir allerdings. Ohne die Vorgeschichte auf dem Balkan zu kennen, kann man die Motive hinter den schrecklichen Kriegsverbrechen nicht nachvollziehen. Nach meinen Arbeitstagen ging ich also nach Hause und vertiefte mich in meine Unterlagen dazu, wochen- und monatelang. Aber das war interessant, denn für mich war es neu.

Dazu kamen die Akten, die das Tribunal vor meiner Zeit erstellt hatte. Ich bemerkte schnell, dass die historischen Einleitungen der Anklageschriften viel zu lang waren. Darin wurde genau die Geschichte der Verbrechen geschildert, in welchem Kontext sie standen. Das hilft natürlich, sie einzuordnen. Wenn diese Historie aber zu ausführlich ist, wird das Dokument unübersichtlich. Denn am wichtigsten ist schließlich die klare Auflistung der Anklagepunkte. Das ist nicht zuletzt im Interesse des Angeklagten: Er muss wissen, wessen er beschuldigt wird. Zwar benötigt man auch die Geschichte, aber sie darf nur eine Einleitung sein, ganz kurz und bündig. Dann folgen die Anklagepunkte: »Sie sind angeklagt für das und das, Punkt eins, zwei, drei. Warum sind Sie angeklagt? Weil Sie diese Tat begangen haben.« Der Angeklagte muss genau wissen, um was es geht, wessen er beschuldigt wird und warum. Nachdem ich diese Anklageschriften gelesen hatte, entschied ich, dass ich eine Weiterbildung für die Mitarbeiter organisieren muss. Wir veranstalteten ein Wochenendseminar in Nordholland, dort gab es um uns herum gar nichts. So konnten sich alle auf die Arbeit konzentrieren und lernen, wie man eine Anklageschrift formuliert, die Hand und Fuß hat. Im Falle Miloševićs stand beispielsweise:

Slobodan MILOŠEVIĆ, allein handelnd und in Abstimmung mit anderen Mitgliedern des gemeinsamen kriminellen Unternehmens, hat an dem gemeinsamen kriminellen Unternehmen wie folgt teilgenommen:

a. Leistete Leitung und Unterstützung für die politischen Führer der SAO SBWS, der SAO West-Slawonien, der SAO Krajina und der RSK bei der Übernahme dieser Gebiete und der darauffolgenden gewaltsamen Vertreibung der kroatischen und anderen nicht-serbischen Bevölkerung.

b. Leistete finanzielle, materielle und logistische Unterstützung für die regulären und irregulären Streitkräfte, die für die Übernahme dieses Gebiets und die darauffolgende gewaltsame Vertreibung der kroatischen und anderen nicht-serbischen Bevölkerung erforderlich waren.

c. Wies Regierungsorgane der serbischen Republik an, bewaffnete Streitkräfte zu gründen, die von der föderalen Armee unabhängig waren und die in Gebieten außerhalb der serbischen Republik, vor allem in den besagten Gebieten in Kroatien an Kämpfen beteiligt waren und an der darauffolgenden gewaltsamen Vertreibung der kroatischen und anderen nicht-serbischen Bevölkerung.[9]

Außerdem habe ich die US-amerikanischen Strukturen, nach denen die Anklagebehörde (*Office of the Prosecutor*, OTP) funktionieren sollte, reorganisiert. Nach dem US-amerikanischen System sind es die Ermittler, die entscheiden, in welche Richtung sie ermitteln, welche Beweise sie suchen. Dann legen sie ihr Dossier dem Ankläger vor, der dann die Anklageschrift vorbereiten muss. An dem Wochenende in Holland reformierten wir auch unsere Arbeitsweise. Jeder Ankläger bekam seinen Fall, den musste er von Anfang bis Ende durchführen. Und es sollte deshalb der Ankläger sein, der den Ermittlern sagt, welche Informationen und Beweise er für seine Anklageschrift benötigt. Die Ermittler arbeiten somit unter der Aufsicht der Ankläger.

Wir waren insgesamt ein Team von 600 Mitarbeitern, bestehend aus Juristen, Ermittlern, Analysten und Übersetzern – letztere waren besonders wichtig, denn fast niemand von uns sprach Serbisch oder Kroatisch. Dazu kamen die Mitarbeiter vor Ort in Zagreb, Sarajevo, Podgorica, Banja Luka und später, nach Miloševićs Verhaftung, auch in Belgrad. Die Ermittler sammelten dort ihre Informationen, suchten Zeugen und befragten diese. Ich führte nur die wichtigsten Einvernahmen in meinem Büro in Den Haag durch, denn ich hatte leider keine Zeit, selbst einen Fall durchzuarbeiten.

Das übernahmen meine Kolleginnen und Kollegen. Und die Ermittler befragten die Zeugen vor Ort. Jeden Morgen gab es dann ein kurzes Treffen, in dem wir uns gegenseitig auf den aktuellen Stand brachten, denn die Fälle liefen parallel. In meinem Büro konnte ich vier Prozesse in den Gerichtssälen gleichzeitig auf Bildschirmen verfolgen. Denn es war stets möglich, dass ich kurzfristig persönlich dort erscheinen musste – also Robe an und los, und dann sollte ich wissen, um was es ging.

Historischer Hintergrund

Der Vielvölkerstaat Jugoslawien war nach dem Ersten Weltkrieg entstanden. Slowenien, Kroatien, Teile von Serbien und Bosnien-Herzegowina hatten zum Habsburger Reich gehört, der größere Teil Serbiens, Montenegro, Mazedonien und der Kosovo hingegen zum Osmanischen Reich. Beide Imperien, charakterisiert durch eine multiethnische Bevölkerung, aber grundverschiedene Herrschaftsformen, gingen mit dem Ende des Ersten Weltkriegs unter.

Die Angst vor Fremdherrschaft nach 1918 sowie die historischen Erfahrungen mit einer Vielzahl blutiger Kriege führten dazu, dass sich die verschiedenen Volksgruppen in einem gemeinsamen Staat zusammentaten. 1941 marschierte Nazi-Deutschland dort ein, zog neue Grenzen und etablierte eine nationalistische Regierung, die große Teile des Landes kontrollierte und die einzelnen Volksgruppen gegeneinander aufhetzte. In der Folge kam es zu kriegerischen Auseinandersetzungen. Vor allem die Kroaten richteten ein Blutbad an der serbischen Bevölkerung an. Die meisten jugoslawischen Opfer während des Zweiten Weltkriegs starben durch die Hand ihrer eigenen Landsleute. Nach seinem Ende söhnte die kommunistische Regierung unter Josip Broz Tito die Feindschaften aus. Zur Harmonisierung der interethnischen Beziehungen nutzte er eine Mischung aus politischer Unterdrückung und ökonomischer Belohnung.[10] Das ging einige Jahrzehnte mehr oder weniger gut.

Mit dem Wissen um diesen Hintergrund kann ich eines gewiss sagen: Es ist nicht die Kultur, kein jahrhundertealter, ethnischer Hass, der die Kriegsverbrechen im ehemaligen Jugoslawien hervorgebracht hat. Sondern es sind Menschen, die diese Verbrechen begehen, und Menschen, die andere dazu anstiften. Und so war es auch in den 1990er-Jahren im jugoslawischen Staatsgebilde: Eine kleine Gruppe korrupter Eliten – dazu gehörte Slobodan Milošević genauso wie auf kroatischer Seite Franjo Tudman – hatte die Macht errungen und wollte sie ausbauen, koste es, was es wolle. Der Auslöser für die Eskalation war die Unabhängigkeitserklärung Kroatiens am 25. Juni 1991. Zunächst trafen Polizei und Milizen auf beiden Seiten gewaltsam aufeinander. Dann marschierten serbische Truppen in Kroatien unter dem Vorwand ein, die serbische Minderheit des neuen Landes schützen zu müssen. Sie besetzten deren Gebiete und vertrieben Hunderttausende der ansässigen kroatischen Bevölkerung. Dubrovnik, Vukovar und viele andere Städte verfielen unter den serbischen Angriffen zu Trümmern. In Vukovar zerrten serbische Exekutionskommandos Verwundete aus den Krankenhäusern, um sie zu erschießen. Die »ethnische Säuberung«, die Politik Miloševićs, hatte begonnen. Das veranlasste die Vereinten Nationen, Truppen zum Schutz der Bevölkerung zu entsenden.

Der Bosnienkrieg begann 1992. Banden von serbischen Milizen überfielen eine Stadt nach der anderen im Osten Bosniens und setzten die hauptsächlich muslimische Bevölkerung einem unglaublichen Terror aus: Morde, Vergewaltigungen und Plünderungen waren an der Tagesordnung. Über die TV-Bildschirme der Welt flackerten Bilder von Konzentrationslagern und Zügen voller deportierter Frauen und Kinder. Jeder Serbe, der seine muslimischen Nachbarn schützen wollte, riskierte sein Leben. Die Entwicklung in Bosnien rief auch Franjo Tuđman auf den Plan: In der bevorstehenden Teilung des Landes sah er die Möglichkeit, Kroatiens Grenzen zu erweitern.

1993 fiel Kroatien in Bosnien ein. Die Gewalt zwischen Kroaten und Muslimen dauerte etwa ein Jahr an. 1994 dann der traurige Höhepunkt: Die bosnisch-serbische Armee griff die eigens eingerichteten UN-Schutzzonen an und bombardierten die in Goražde eingeschlossenen Muslime. Damit wurde mehr als deutlich: Jugoslawien scherte sich nicht um die Resolutionen des UN-Sicherheitsrats. 1995 folgten die Schutzzonen von Žepa und Srebrenica. Am 6. Juli des Jahres starteten bosnisch-serbische Aufrührer der international nicht anerkannten »Republika Srpska« – etwa 15 000 Milizionäre unter dem Kommando des ehemaligen Generalleutnants Ratko Mladić – ihren Angriff gegen die Stadt Srebrenica und drängten die dort stationierten niederländischen Blauhelmsoldaten zurück. Der damalige UN-Generalsekretär Boutros Boutros-Ghali telefonierte wiederholt mit Milošević, der Mladić und seine Mörder über den selbst ernannten Präsidenten der »Republika Srpska«, Radovan Karadžić, steuerte. Aber auch das machte keinen Eindruck. Die Welt sah zu – einzig ein Luftangriff auf bosnisch-serbische Truppen am 11. Juli sollte die Milizionäre zurückhalten.

Ab dem 12. Juli begannen Mladić und seine Gefolgsleute, die muslimischen Frauen, Kinder und Greise von den Männern im wehrfähigen Alter zu trennen und in Lkw und Bussen zu deportieren. Zwischen 7 000 und 8 000 junge Männer brachte man nach Bratunac, um sie noch binnen einer Woche zu erschießen. Das entging der NATO und der UNO nicht, denn US-Aufklärungssatelliten hatten entsprechende Erdbewegungen zwischen Bratunac und Potočari entdeckt. Etwa drei Wochen darauf verstärkte die NATO ihren Lufteinsatz gegen bosnisch-serbische Ziele. Kroatische Truppen unter Tuđman wiederum stürmten serbische Schutzzonen in Kroatien, und Hunderttausende Serben flohen um ihr Leben.

Das Friedensabkommen von Daytona im Dezember 1995 beendete die Gewaltspirale vorerst. Dennoch brach Jugoslawien auseinander. Ab 1997 griffen UÇK-Kämpfer im Kosovo serbische Zivilisten an und rächten sich an ihnen für die seit 1989 von serbischen Milizen begangenen gewalttätigen Schikanen. Warnungen der NATO an Milošević, die Gewalt gegen albanische Zivilisten einzustellen, ignorierte dieser. 1999 begann sie dann mit Luftangriffen, woraufhin Milošević die albanische Bevölkerung aus dem Kosovo vertrieb. Erst nach Monaten lenkte er schließlich ein.[11] Serbien wurde nach dem endgültigen Zerfall Jugoslawiens im Jahr 2006 der alleinige Rechtsnachfolger der 1992 gegründeten Bundesrepublik Jugoslawien, die 2003 wiederum zur Staatenunion von Serbien und Montenegro geworden war.[12]

Noch heute gibt es viele Kritiker der NATO-Luftangriffe auf Serbien. Grundsätzlich ist es richtig, dass die UNO mithilfe des UN-Sicherheitsrats über einen militärischen Einsatz entscheiden muss. Das war hier nicht geschehen. Die USA wählten stattdessen den Weg über die NATO. Im Nachhinein sind die Geschehnisse schwer zu beurteilen. Ich gehe davon aus, dass damals auch Russland im Sicherheitsrat einem Eingriff zugestimmt hätte. Wäre das der Fall gewesen, hätten die Angriffe auf legalen Füßen gestanden. Ich möchte dennoch nicht sagen, dass der Einsatz, so wie er letztlich ablief, ein Fehler war: Man musste Milošević aufhalten und die »ethnischen Säuberungen« stoppen.

Ein langer Weg: Gerechtigkeit für die Opfer der Jugoslawienkriege

Die in den Jahren von 1991 bis 1995 auf der Balkan-Halbinsel verübten Kriegsverbrechen sind schwer in Worte zu fassen. Lange hatte die Welt zugesehen. Jetzt war es an der Zeit, dass die Opfer Gerechtigkeit erfahren. Die rechtlichen Grundlagen bestanden bereits seit 1993, konnten die Gewaltspirale aber nicht aufhalten. Als ich sechs Jahre später meinen Posten als Chefanklägerin antrat, war der Krieg so gut wie beendet, Milošević, Karadžić und Mladić, die Hauptverantwortlichen dieses Blutbades, sowie zahlreiche weitere Kriegsverbrecher aus allen Teilrepubliken des ehemaligen Vielvölkerstaats aber allesamt noch auf freiem Fuß. Jetzt sollte endlich das Völkerrecht durchgesetzt werden – ein Weg voller Hindernisse lag vor uns, den wir nur mit Überzeugungsarbeit und diplomatischem Fingerspitzengefühl meistern können würden.

Prinzipiell ist es so, dass der Staat, gegen dessen Staatsbürger auf Basis einer Resolution des UN-Sicherheitsrats ermittelt wird, kooperieren muss. Dennoch hatten wir selbstverständlich damit gerechnet, in den jeweiligen Ländern auf – milde ausgedrückt – wenig Kooperationsbereitschaft zu stoßen. In Serbien und Kroatien galten die Menschen, die wir als Kriegsverbrecher jagten, als Helden. Es gab einen einzigen Angeklagten, Milan Babić, der Reue fühlte und gestand. Er beging dann im Gefängnis Suizid. Aber die anderen – das sieht man eher so: Sie opfern sich auf, lassen sich verhaften und verurteilen für die Nation. Einige, die bereits aus dem

Gefängnis entlassen wurden, sind zurückgekehrt und wurden als Helden empfangen.

In der Bundesrepublik Jugoslawien war Milošević noch bis zum Jahr 2000 Präsident. Er hatte nicht nur die Macht, sich unseren Bemühungen zu entziehen, sondern konnte auch seine Ideologie eines großserbischen Reichs weiterverbreiten, die schlussendlich all die Verbrechen gegen die Menschlichkeit legitimieren und als Heldentaten feiern sollte. Auf Milošević folgte im Oktober 2000 Vojislav Koštunica, der die ethnischen Säuberungen in Bosnien und das Massaker in Srebrenica leugnete. Das Internationale Tribunal erkannte er nicht als legitime internationale Organisation an, sondern sah darin ein politisches Instrument der USA.[13] Wir brauchten jedoch Zugang zu Tatorten, mussten Beweise sammeln und Zeugen befragen. Den Zeugen wiederum mussten wir zusichern können, dass sie durch ihre Aussagen keinerlei Gefahren ausgesetzt seien. Und schließlich galt es, die gesuchten Kriegsverbrecher zu verhaften. Wir hatten keine eigenen Polizisten. Unter unseren Ermittlern gab es zwar einige, aber sie hatten nicht die Befugnis, Menschen in anderen Ländern festzunehmen. Das musste die jeweilige Polizei des Landes für uns übernehmen.

Die Widerstände, auf die wir stießen, waren vielfältig und nicht immer gleich als solche zu erkennen. Eine Form der Nicht-Kooperation habe ich die »Gummiwand« genannt.[14] Die Gesprächspartner lächeln dich an: »Ja, selbstverständlich, wir tun unser Bestes«, und was geschieht? Nichts. Das habe ich beinahe täglich erlebt, in Serbien, Kroatien, Bosnien, bei internationalen Organisationen, in den USA, weltweit. Wie gesagt, das merkt man nicht sofort, sondern erst, wenn die Resultate ausbleiben. Nach Monaten standen wir in so einem Fall immer noch am Anfang. Besonders eklatant war dieses Problem, wenn es um die Verhaftungen ging. So erinnere ich mich, dass wir 2003, wie so oft, kurz davor standen, Radovan Karadžić, Kriegsverbrecher der »Republika Srpksa«, zu verhaften. Man hatte ihn wieder gesehen, dieses Mal in einem bosnischen Dorf in der Nähe der serbischen Grenze und dabei sollte es sich nicht um ein Gerücht handeln. Der damalige Chef der CIA sagte uns die Verhaftung zu, mit Präsident George W. Bush hatte ich persönlich darüber gesprochen, er klopfte mir auf die Schulter. Ich dachte mir schon, ich müsse sofort zurück nach Den Haag, sonst sei Karadžić noch vor mir da. Und dann? Führte die NATO die Verhaftung nicht durch. Die Begründung war, dass sie zu wenig Informationen über das Haus hätten, in dem sich Karadžić mutmaßlich befand. Das Wetter sei zu schlecht, um einen Hubschrauber zur Aufklärung zu entsenden.[15] Wir mussten insgesamt 13 Jahre auf seine Verhaftung warten. Die Resultate zeigen, dass alle diese Treffen, all diese Reisen, all diese Begegnungen mit Behörden nur in seltenen Fällen eine sofortige Wirkung hatten. Leider.

Gut, das war ein Hindernis, aber wir haben nicht den Mut verloren. Ein wichtiger Teil meiner Aufgabe als Chefanklägerin bestand darin, den Mitarbeiterinnen und Mitarbeitern Mut zu machen: Wir lassen nicht nach, wir machen weiter. Darum arbeiteten wir andere Strategien aus. Wir hatten zwar keine eigene Polizei, aber doch eigene Ermittler, um die Gesuchten ausfindig zu machen. Außerdem fingen wir an, mit Geheimdiensten, offiziell heißen sie inzwischen Informationsdienste, zu kooperieren. Einer von ihnen – ich darf leider nicht preisgeben, welcher – ging inoffiziell nach Serbien und machte dort einen Angeklagten aus der Führungsebene für uns ausfindig. Dabei muss ich jedoch anmerken, dass die Zusammenarbeit mit Geheimdiensten nicht immer einfach ist. Zum einen sind ihre Informationen meistens schwierig zu verifizieren, zum anderen kann man mit vielen erst gar nicht in Kontakt treten und schließlich erst recht nicht allen vertrauen.

Auch über finanzielle Wege erschwerte man uns die Arbeit. Das Budget war begrenzt, die Zeit ebenfalls. Wir mussten mit dem zurechtkommen, was man uns zur Verfügung stellte. Das Mandat des Sicherheitsrats sah vor, dass wir gegen die hohen politischen und militärischen Verantwortlichen vorgehen. Wir hatten eine lange Liste von 300 bis 400 Personen, gegen die wir ermitteln und Anklage erheben wollten. Niemand aus dem Sicherheitsrat konnte uns befehlen, diese Liste zu kürzen, denn als Chefanklägerin war ich gemäß dem Statut unabhängig. Stattdessen ging man den Umweg über die Finanzierung, ein nach einem komplizierten Schlüssel funktionierendes System, dem außerdem freiwillige Beiträge hinzukommen. Den größten Anteil zahlten damals die USA. Damit hielten sie das Zepter in der Hand. Hätten wir die Liste nicht gekürzt, hätte es kein Geld mehr gegeben. Das Budget reichte schlichtweg nicht für 400 Verfahren. So mussten wir schließlich einlenken.

Zusätzlich agierten einzelne Gruppen in den betroffenen Ländern offen gegen unsere Arbeit, vor allem in Serbien und in Bosnien. Deshalb war es besonders wichtig, auf unsere Sicherheit zu achten. Es gab Demonstrationen, auch gegen mich persönlich, aber dabei blieb es nicht. Einmal wurde auf mich geschossen. Der Schütze traf die Scheibe des Autos, in dem ich saß. Ich hatte Glück, denn sie war aus Panzerglas, und ich blieb unversehrt. Ein anderes Mal versuchte man in Serbien gezielt, mich in einen Unfall auf der Autobahn zu verwickeln. Seitdem war die Strecke vom Flughafen bis nach Belgrad immer leer, wenn ich anreiste. Nach Miloševićs Verhaftung im Jahr 2001 konnte ich gar nicht mehr in die Stadt. Es war zu gefährlich geworden.

Zudem gab es wüste Beschimpfungen gegen meine Person, die mich aber nicht beeindruckten. Der ehemalige Justizminister Serbiens machte sich sogar die Mühe, mir einen langen Brief zu schreiben, in dem er mich aufs Unflätigste beschimpfte. Für solche Scherze hatten wir keine Zeit. Der Mann wurde schließlich verhaftet und uns überstellt, um 1.00 Uhr nachts kam er in Rotterdam an. Da ließ ich es mir nicht nehmen, persönlich vor Ort zu sein. Ich konnte diesen verbalen Angriffen auch etwas Positives abgewinnen: Irgendetwas musste ich schließlich richtig machen, sonst würde ich doch nicht so viel Unmut verursachen.

Ein weitaus bedeutenderes Hindernis bei unserer Arbeit lag darin, dass die verschiedenen internationalen Organisationen nicht immer an einem Strang zogen. Jede war in ihrer Struktur verhaftet, blickte aus ihrer eigenen Logik auf die Welt und verfolgte ihre individuelle Politik. 2002, nach der Eröffnung des Verfahrens gegen Milošević, arbeitete die Anklagebehörde an 16 Fällen. Wir hatten das Ziel, bis Ende 2004 etwa 50 mutmaßliche Straftäter aus der ehemaligen Führungsschicht zur Verantwortung zu ziehen, bis Ende 2008 sollten alle Verfahren abgeschlossen sein. Daher war es besonders wichtig, dass die internationale Politik mitzog.

Im Juli 2002 appellierte ich an den Sicherheitsrat, dass die Regierungen den Druck auf Serbien, Kroatien und die »Republik Srpska« aufrechterhalten müssten, damit sie die vom Tribunal unter Anklage gestellten Personen auch verhaften. Ich hatte mitbekommen, dass die NATO ein Treffen mit dem jugoslawischen Außenminister plante, um die »Partnerschaft für den Frieden«, ihr Programm für Mitgliedsanwärter, zu bewerben. Daraufhin erinnerte ich den damaligen NATO-Generalsekretär, Lord Robinson, an sein Versprechen, dass es ohne Verhaftungen keine Normalisierung der Beziehungen mit Serbien geben dürfe. Robinson hielt sich an diese Abmachung. Einen Seitenhieb bekam unsere Arbeit stattdessen von anderer Stelle: Der Europarat, der für den Schutz der Demokratie und der Menschenrechte in Europa zuständig war und ist, entschied sich im September 2002 für die Aufnahme Jugoslawiens – trotz unseres Appells, die Kooperation mit dem Tribunal als Vorbedingung an das Verfahren zu knüpfen.[16] Über die Motive kann ich allerdings bis heute nur spekulieren. Vielleicht wollte Europa damit die gemäßigten Kräfte in Jugoslawien stützen.

Die Verhaftung und Überstellung Slobodan Miloševićs

Der weitaus größte Erfolg des Jugoslawien-Tribunals war natürlich, dass es uns gelang, Slobodan Milošević zu verhaften. Das war enorm wichtig, obwohl er zu dem Zeitpunkt schon nicht mehr Präsident war. Wir konnten seine Verhaftung nur wenige Monate nach seiner gescheiterten Wiederwahl veranlassen. In diesem Fall, das muss ich sagen, hatte die Politik sehr gut mitgewirkt, denn ohne ihre Hilfe hätten wir gar nichts erreichen können. Mit Koštunica als serbischem Präsidenten war keine Kooperation möglich. Er warf uns vor, einseitige Ermittlungen gegen Serbien zu führen und im Interesse der NATO zu handeln. Deshalb arbeiteten wir mit der Opposition zusammen. Zoran Đinđić, ihr Vertreter, war damals designierter Ministerpräsident und stand uns offen gegenüber. Als er schließlich der Regierung vorstand, trieb er die Verhaftung Miloševićs und anderer Gesuchter voran.

Druck kam auch vonseiten der USA: Der Kongress verlangte die Verhaftung Miloševićs und mindestens eines weiteren Angeklagten, Zugang zu den Akten und die Verabschiedung eines Gesetzes, das die Zusammenarbeit mit dem Tribunal bestätigte. Anderenfalls trete man von sämtlichen Finanzhilfen für Serbien zurück.[17] Wir waren zuvor in ganz Europa herumgereist, um die Regierungen der verschiedenen Nationen zu treffen und sie von diesem Ziel zu überzeugen. Parallel wollten wir auch die EU dazu bewegen, ihren damaligen Schmusekurs mit Serbien von der Kooperation des Balkanstaats mit dem Tribunal abhängig zu machen. Zoran Đinđić konnte sich schließlich durchsetzen: Er ließ Milošević am 1. April 2001 verhaften und sperrte ihn vorübergehend in Belgrad ein.

Seine Überstellung nach Den Haag war dann der nächste Kraftakt. Die USA blieben hart: keine Finanzhilfen ohne Zusammenarbeit mit dem Tribunal. Unterstützt wurden sie dabei von Großbritannien, während wichtige Länder Europas wie Deutschland und Frankreich untätig blieben, da sie eine Destabilisierung in Serbien befürchteten. Durch mein Einwirken auf den damaligen Bundeskanzler Gerhard Schröder und den französischen Präsidenten Jacques Chirac konnte ich aber bewirken, dass die größten kontinentaleuropäischen Länder hinter der Überstellung Miloševićs nach Den Haag standen, die schlussendlich am 28. Juni 2001 erfolgte. Auf der Geberkonferenz der Europäischen Union, der Weltbank und den USA, die tags darauf in Brüssel stattfand, erhielt Jugoslawien schließlich Finanzhilfen im Wert von über einer Milliarde US-Dollar. Đinđić hingegen wurde im März 2003 von einem Scharfschützen, der mehrere Helfer hatte, in Belgrad erschossen. Die serbische Regierung verhängte unmittelbar nach dem Mord den Ausnahmezustand und verhaftete zahlreiche Verdächtige. Als Drahtzieher des Anschlags galt die organisierte Kriminalität, die in der Ära Miloševićs ihre Netzwerke bis tief in die staatlichen Strukturen hinein aufgebaut hatte.

Das Tribunal als Bühne für Kriegsverbrecher

Milošević erklärte gleich an den ersten Verhandlungstagen, dass er das Internationale Tribunal für illegal halte, weil es nicht von der UN-Generalversammlung ausgehe. Es verhandle vermeintliche Kriegsverbrechen, um die eigentlichen Verbrechen der NATO in Serbien zu verschleiern.[18] Die Anklage sei deshalb illegal. Auf einen Verteidiger verzichtete er und vertrat sich stattdessen selbst. Das bedeutete auch, dass er die Kreuzverhöre der Zeugen übernahm. Bei diesen handelte es sich um einfache Leute, Menschen mit wenig Bildung und arme Bauern, gleichwohl Opfer der Verbrechen im ehemaligen Jugoslawien, die sich außerhalb ihres gewohnten Umfelds sichtlich unwohl fühlten. Sie fürchteten Milošević und konnten ihm kaum etwas entgegensetzen. Er hatte leichtes Spiel, sie zu verunsichern. Außerdem versuchte er, seine Redezeit für politische Ansprachen und historische Rechtfertigungen zu nutzen. Die Bosnier und Kroaten seien Terroristen gewesen, die er im Dienst seines Landes hatte bekämpfen müssen.

Schließlich sah sich Milošević aber Zeugen gegenüber, die sich nicht einschüchtern ließen: Teilnehmer von Friedensmissionen, hochrangige Offiziere, Geheimdienstler und Polizeichefs. Zu ihnen gehörte auch Milan Babić. Er war vormals Präsident der sogenannten »Republik Serbische Krajina« in Kroatien gewesen und hatte sich freiwillig gestellt. Seine Aussagen trugen dazu bei, Miloševićs Schuld an den 1991 auf kroatischem Territorium begangenen Kriegsverbrechen zu beweisen. Das Tribunal verurteilte ihn zu 13 Jahren Haft. Aus dem Urteil:

> Babić gestand, dass er sich mit Wissen und absichtlich an der Verfolgung beteiligt hat. Ihm war bewusst, dass Verbrechen wie die Misshandlung in Gefängnissen, Deportationen, gewaltsame Transfers und die Zerstörung von Eigentum, wie in der Anklageschrift beschrieben, begangen worden waren. In Bezug auf die Morde, die ihm in der Anklageschrift zur Last gelegt werden, gab Babić zu, dass er gewusst hat, dass im Zuge der gewaltsamen Umsiedlung der nicht-serbischen Zivilisten Zivilisten umgebracht worden waren und dass solche Morde das wahrscheinliche Ergebnis der Verfolgung waren. Aber er bestand darauf, dass er nichts wusste von den speziellen Morden, die die Anklageschrift aufführt. Babić gab weiterhin zu, dass die Verfolgungen in einem gemeinsamen kriminellen Unternehmen begangen wurden, und dass er an diesem Unternehmen substanziell als Mittäter beteiligt war.[19]

Er nahm sich 2006 in seiner Gefängniszelle das Leben. Eine Woche nach ihm starb Milošević ebenfalls in Haft. Das machte mich äußerst wütend: Das Ende des Prozesses war bereits abzusehen. Wir wussten, dass Milošević mit seinen Medikamenten, die er wegen seines Bluthochdrucks einnehmen musste, experimentierte, und hatten dagegen auch Beschwerde eingelegt. Durch seinen Tod, den er dabei zumindest in Kauf genommen, wenn nicht sogar herbeigeführt hatte, konnte er dem Schuldspruch entgehen. Denn obwohl es juristisch anspruchsvoll ist, jemanden als Drahtzieher zu überführen – man benötigt Insider-Zeugen, Dokumente –, lag in Miloševićs Fall Etliches vor, und die Verurteilung wäre kein Problem gewesen. Entgangen ist dem Tribunal des Weiteren Franjo Tuđman, der 1990 zum Präsidenten der damals noch jugoslawischen Teilrepublik Kroatien gewählt worden und für zahlreiche Kriegsverbrechen verantwortlich war. Wir befanden uns noch in den Ermittlungen, als er 1999 nach schwerer Krankheit in Zagreb starb.

Überraschender Freispruch: Ante Gotovina

Kroatien hatte mit dem Jugoslawien-Tribunal so lange kooperiert, wie es um die serbischen Angeklagten ging. Sobald »ihre Leute« an der Reihe waren, endete die Zusammenarbeit abrupt. Ante Gotovina gilt beispielsweise heute noch vielen Kroaten als Volksheld. Der ehemalige Fremdenlegionär war erst 1991 nach Kroatien zurückgekehrt, um im Balkankrieg auf kroatischer Seite zu kämpfen. Dort machte er Karriere und brachte es in nur vier Jahren zum General.

Wir bereiteten eine Anklage gegen ihn vor, in der wir ihm zur Last legten, die Militäroperation mit dem Decknamen »Sturm« befehligt zu haben, deren Ziel es war, die Region Krajina zurückzuerobern. Die Operation sollte serbisch kontrollierte und von den Vereinten Nationen geschützte Gebiete wieder unter kroatische Kontrolle bringen. Zu diesem Zweck terrorisierten die Einheiten die serbische Zivilbevölkerung, vertrieben sie mit Schüssen und Artilleriefeuer oder deportierten sie in Lkw-Kolonnen. Von kroatischer Seite hatten wir bei den Ermittlungen, geschweige denn bei der eventuellen Verhaftung Gotovinas, keine Hilfe zu erwarten. Im Gegenteil: Der schon schwer kranke Franjo Tuđman stellte klar, dass Offiziere, die an der Rückgewinnung dieser Gebiete beteiligt gewesen waren, auf keinen Fall ausgeliefert werden dürften.[20] Auch nach seinem Tod kamen wir kaum voran. Der damalige Premierminister, Ivica Račan, sagte mir einmal: »Wenn ich für Gotovinas Verhaftung mit Ihnen kooperiere, dann werde ich nicht wiedergewählt.« Wenigstens sprach er ein klares Wort.

2001 klagten wir Gotovina wegen Verbrechen gegen die Menschlichkeit an und warfen ihm unter anderem Folgendes vor:

[…] das Verüben von Verbrechen gegen Serben gefördert, angestiftet, erlaubt, ermutigt und geduldet zu haben, indem er über mutmaßliche Verbrechen nicht berichtet und/ oder mutmaßliche Verbrechen nicht untersucht hat, indem er solche Mutmaßungen und Untersuchungen nicht aufgenommen hat und/oder nicht verfolgt hat und indem er ihm Untergeordnete und andere in den kroatischen Autoritäten und Streitkräften nicht diszipliniert und/oder bestraft hat, die er kontrollierte, um Straftaten gegen Serben zu verüben.[21]

Verhaften konnten wir ihn allerdings erst vier Jahre später auf den Kanarischen Inseln. In Den Haag musste er sich für folgende Anklagepunkte verantworten: Tötung von mindestens 37 Personen, Plünderung privaten und öffentlichen Eigentums, Brandschatzung und Zerstörung von Dörfern und Städten sowie Vertreibung von mehreren zehntausend Serben. In der Anklage stand darüber hinaus, dass Tuđman an der Planung und Durchführung beteiligt gewesen war.

Die Verteidigung war allerdings anderer Auffassung: Die Operation »Sturm« habe den Krieg auf dem Balkan mit beendet und wurde aufgrund der Bedrohung der Stadt Bihać auch von den USA unterstützt. Außerdem sei die Bombardierung von Knin verglichen mit der Zerstörung anderer Städte minimal gewesen. Dennoch sprach man Gotovina 2011, nach meiner Zeit am Tribunal, schuldig und verurteilte ihn zu 24 Jahren Haft. Er ging jedoch in Berufung – und wurde in allen Anklagepunkten freigesprochen. Trotz der eindeutigen Beweislage. Die Auslegung, auf der dieser Freispruch ruhte, war an den Haaren herbeigezogen. Und auch juristisch nicht sauber: Wenn jemand erstinstanzlich verurteilt wurde, darf die Gesetzeslage in der Berufung nicht neu interpretiert werden, sondern muss bei der ursprünglichen Lesart bleiben. Gotovina ist ein typischer Fall, in dem die Politik sich eingemischt und die Unabhängigkeit der Justiz verletzt hat. Ich hege große Zweifel an diesem Freispruch, zu dem es niemals hätte kommen dürfen.

In der Sackgasse: Ermittlungen gegen die NATO sind nicht möglich

Von März bis Juni 1999 flog die NATO Luftangriffe gegen Serbien. Der mit Gewalt verbundene Exodus der Albaner aus dem Kosovo hatte dazu geführt, dass die internationale Gemeinschaft nach zehn Jahren des Blutvergießens auf dem Balkan mit militärischen Mitteln gegen Serbien vorging. Zwar konnte die NATO Milošević tatsächlich stoppen, doch der Erfolg kam mit einem Preis. In meinem Büro erhielt ich Nachrichten aus der ganzen Welt, die mich aufforderten, Ermittlungen gegen die Luftangriffe aufzunehmen. Briefe aus Staaten wie Frankreich oder Kanada enthielten Informationen über zivile Opfer. Auch Delegationen aus Italien und Russland stellten mir Dokumente zu. Die jugoslawische Regierung publizierte Material, das den Tod von 495 Zivilisten belegte. Man habe vorsätzlich zivile Ziele ins Visier genommen, so einer der Vorwürfe. Einige hielten den gesamten Einsatz und folglich auch alle Handlungen der NATO für illegal. Andere warfen dem Militärbündnis willkürliche Angriffe auf die Zivilbevölkerung vor, bis hin zu Vorwürfen von Verbrechen gegen die Menschlichkeit. Im abschließenden Bericht eines internen Ausschusses des Jugoslawien-Tribunals ist von fünf Fällen die Rede, die als Kriegsverbrechen zu werten sind.[22]

Schon meine Amtsvorgängerin, die Kanadierin Louise Arbour, hatte klargemacht, dass das Tribunal für alle begangenen Kriegsverbrechen im Gebiet des ehemaligen Jugoslawiens zuständig sein sollte – das galt nicht nur für die lokalen Kriegsparteien, sondern auch für die NATO. Deshalb war von ihr bereits eine Arbeitsgruppe ins Leben gerufen worden, um die Vorwürfe gegen die NATO zu untersuchen. Mehrere Attacken, bei denen es Indizien für Straftatbestände gab, fielen in unsere Zuständigkeit. Insbesondere ein Vorfall zeigte mir, dass ich dringend in dieser Richtung tätig werden sollte: der NATO-Angriff auf den Djakovica-Konvoi am 4. April 1999. Albanische Flüchtlinge, in der Mehrzahl Frauen, Kinder und alte Menschen, bewegten sich an diesem Tag auf der Straße zwischen Madanaj und Prizren. Die Kolonne von etwa 1 000 Zivilisten wurde dabei insgesamt dreimal von der NATO bombardiert. In Folge kamen etwa 75 Menschen ums Leben, 100 wurden verletzt.

Uns lagen Hinweise vor, dass einer der Piloten des Militärflugplatzes in Aviano vor dem Angriff gemeldet hatte, es handele sich bei den Menschen auf der Straße um Zivilisten. Der Befehl zum Bombardement kam dennoch – ein Kriegsverbrechen. Natürlich leitete ich Untersuchungen ein. Oder besser gesagt: Ich hatte es vor, denn ich wurde an den Ermittlungen gehindert. Als ich in Brüssel die Unterlagen anforderte, kooperierte die NATO nicht. Ihr Generalsekretär verwies mich an die einzelnen Mitgliedsstaaten. Dann hieß es plötzlich, die Dokumente seien leider vernichtet worden. Eine offensichtliche Lüge: Die NATO archiviert alles, und für die Unterlagen gibt es auch bestimmte Aufbewahrungsfristen. Damit waren mir die Ermittlungen unmöglich gemacht. Dabei hatten wir einen sehr starken Beweis: Eine Tonbandaufnahme des Gesprächs zwischen dem Piloten und der Basis in Aviano, die ihm den Befehl zum Bombardement gab, trotz seiner Information, es sei ein Konvoi von Zivilisten. Ein Geheimdienst hatte sie uns zugespielt. Aviano gehört dem italienischen Militär, wird und wurde aber auch von der US-Luftwaffe genutzt, wie 1999 für die NATO-Lufteinsätze im Rahmen des Kosovo-Kriegs.

Ich ließ einen Bericht anfertigen, der genau festhielt, welche Informationen und Beweise, inklusive der Aufnahme des Piloten, uns vorlagen, welche Unterlagen fehlen und warum sie fehlen, und brachte ihn an die Öffentlichkeit. Ich hatte gehofft, dass durch die Presse etwas Bewegung in die Sache kommt. Aber mein Einsatz blieb vergebens. Zwei Zeilen, wenn überhaupt, gingen durch die Medien. Das einzige Resultat war, dass ich für die USA zu einer Persona non grata wurde. So wurde mir zum Beispiel der Zutritt zum Pentagon verwehrt, in dem ich zuvor gute Kooperationspartner gehabt hatte. Die USA wollten nicht, dass man »ihre Leute« vor ein Gericht stellt, schon gar nicht vor ein internationales.

Die NATO argumentierte, dass die Straße, die zum Ziel der Luftangriffe wurde, eine wichtige Verbindung für serbische Militäreinheiten war, die in dem Gebiet ethnische Säuberungen durchführten. In dem erwähnten Abschlussbericht des internen Ausschusses des Jugoslawien-Tribunals stellte man fest, dass die besagte Tonbandaufnahme des Piloten lediglich im jugoslawischen Rundfunk gesendet und von keiner anderen Quelle bestätigt worden war.[23] Auch in allen anderen Fällen folgte der Ausschuss der Argumentation der NATO. Die Empfehlung für uns als Anklagebörde lautete: keine weiteren Ermittlungen.

Ruanda: 100 Tage Grauen

Genauso wenig wie in Jugoslawien war in Ruanda »althergebrachter Hass« der Grund für den Völkermord. Ein Völkermord wird von Menschen geplant und begangen, meistens stiftet eine Clique skrupelloser Eliten die Bevölkerung dazu an. In Ruanda hatte sich eine fatale Mischung aus Armut, Überbevölkerung und fehlenden wirtschaftlichen Perspektiven zusammengebraut. Kräfte in Politik und Militär nutzten diesen Nährboden aus, um ihre Macht auszuweiten und zu halten.

Um den Völkermord zu verstehen, mit dem die Hutu-Führer große Teile der Tutsi-Bevölkerung auslöschten, müssen wir zunächst die Geschichte Ruandas genauer untersuchen. Denn für die Zwietracht zwischen Tutsi und Hutu waren ursprünglich die europäischen Kolonialmächte verantwortlich. Nachdem die Belgier im Anschluss an den Ersten Weltkrieg die Macht in dem ostafrikanischen Land nordwestlich von Tansania übernommen hatten, stützten sie sich auf die Tutsi-Minderheit, um die Hutu-Mehrheit zu beherrschen. In den 1950er-Jahren wendete sich das Blatt, und die Macht ging auf die Hutu über. Ruanda wurde 1962 unabhängig. Im darauffolgenden Jahr marschierten Tutsi-Rebellen aus dem Exil in Ruanda ein, um das Hutu-System zu stürzen. Die Hutu ermordeten daraufhin 10 000 Tutsi und trieben weitere

300 000 ins Exil nach Burundi und Uganda. Diese Taten blieben ungesühnt. Zudem nutzten die Hutu die nächsten 30 Jahre nicht nur, um ihre Macht auszubauen, sondern verbreiteten außerdem ein Klima der Angst vor einer Renaissance der Tutsi-Vorherrschaft. Nach dem Motto: »Ihr werdet sehen, die kommen zurück und versklaven euch wieder.« Gleichzeitig gab es bis ins benachbarte Burundi immer wieder Gerüchte, dass Hutu Massaker an Tutsi verübt hätten. Aber dem wurde nicht nachgegangen, es gab weder Ermittlungen noch Strafen. Tutsi verließen das Land in Scharen. Im Jahr 1990 lebten schließlich eine Million ruandische Tutsi im Exil.

Militante Kräfte der Tutsi formierten bereits 1987 die Rebellenbewegung Front Patriotique Rwandais (FPR), die den Hutu-Präsidenten Juvénal Habyarimana stürzen und den Tutsi-Exilanten die Rückkehr in ihre Heimat ermöglichen wollte. Die FPR verübte Anschläge, für die sich das ruandische Hutu-Regime rächte. Habyarimana-Anhänger ermordeten ungestraft Hunderte Tutsi-Zivilisten. Anfang der 1990er-Jahre verlor Habyarimana sein Machtmonopol. Die neu entstandenen, konkurrierenden politischen Gruppen der Hutu warben um Anhänger, indem sie wieder die alte Angst vor der Tutsi-Herrschaft schürten und erneut die schon eingespielten Gerüchte streuten, die Tutsi planten angeblich, die Hutu zu versklaven. Habyarimanas Partei formierte die Miliz Interahamwe, andere Parteien zogen ebenfalls mit der Gründung bewaffneter Gruppen nach. Es kam zu zahllosen gewalttätigen Übergriffen. Die FPR konnte sich dennoch militärisch behaupten und zwang Habyarimana schließlich zu Verhandlungen, um die Macht neu aufzuteilen. Radikale Hutu kamen im Zuge dessen auf eine unfassbare Idee: Wenn man die Basis der FPR, die Tutsi-Bevölkerung, ausrottete, dann hätte man die Macht für sich allein. Oberst Théoneste

Bagosora entwarf 1993 einen Plan zur Vernichtung der Tutsi, der bereits ein Jahr später auf grausamste Art und Weise in die Tat umgesetzt wurde. Dafür wurde er später als Anführer des Völkermords angeklagt.

Aber noch schreiben wir das Jahr 1993: Im August einigten sich Habyarimana und die FPR auf eine Teilung der Macht und unterzeichneten ein Abkommen. Vorerst sollte ein Waffenstillstand für Ruhe sorgen. Die UN entsandte Blauhelme – in unzureichender Zahl und zu schlecht ausgerüstet –, um den vorläufigen Frieden zu sichern. Unbeeindruckt von dieser Entwicklung hetzten radikale Hutu über den neu gegründeten Sender Radio-Télévision Libre des Mille Collines (RTLM), der später als die Stimme des Völkermords galt, weiterhin gegen die Tutsi. Man schürte nicht nur den Hass auf die »Kakerlaken«, sondern rief auch offen zur Denunziation von Tutsi auf, die sich versteckt hatten, und gab Adressen moderater Hutu bekannt, um sie Übergriffen auszusetzen. In einem armen Land mit hoher Analphabetenquote ist das Radio nach wie vor das wichtigste Medium. Entsprechend groß war der landesweite Einfluss des Senders, vor allem in den ländlichen Gebieten. Später führte seine Beteiligung am Genozid zu einem Präzedenzurteil des Ruanda-Tribunals über die Anstiftung zum Völkermord durch Medien.

Die Tutsi wiederum gaben der Hetze durch diverse Mordanschläge Nahrung. Auch im benachbarten Burundi, wo Hutu und Tutsi mehrfach mit blutigem Ausgang aufeinandertrafen, brach sich die Gewalt Bahn. All dies blieb ohne rechtliche Konsequenzen für die Beteiligten. Am 6. April 1994 schossen Unbekannte das Flugzeug ab, in dem Präsident Habyarimana von Verhandlungen mit der FPR zurückkehrte. Es explodierte beim Landeanflug, alle Insassen starben. Das war der Startschuss für den Völkermord. Ganz nach Bagosoras Plan durchkämmten bewaffnete Milizen und Einheiten des Militärs die Hauptstadt Kigali und ermordeten Tutsi, Hutu-Regierungsbeamte und Angehörige der politischen Opposition, die auf ihren Todeslisten standen. Auch in entfernten Distrikten und Städten veranlassten Offiziere und Verwaltung zahlreiche Massaker an Tutsi und gemäßigten Hutu. Der Sender RTLM forderte seine Hörer dazu auf, sämtliche Tutsi zu vernichten – nicht nur die Einheiten der FPR, sondern alle Männer, Frauen und Kinder.

Das Wort »Gemetzel« ist in diesem Fall keine sprachliche Übertreibung: Mit Macheten schlachteten die Angreifer ihre Opfer ab, vergewaltigten und verstümmelten selbst Kinder auf grausamste Art und Weise. Die UN-Friedenstruppen im Land zeigten sich angesichts dieser Gewaltexzesse eingeschüchtert, zudem hatten sie den Befehl, die Hutu-Extremisten nicht zu provozieren. So war die unbewaffnete Tutsi-Bevölkerung den mörderischen Banden hilflos ausgeliefert. Franzosen, Belgier und US-Amerikaner flogen ihre Staatsbürger aus. Im Juni schließlich vermochte die FPR, die militärischen Bemühungen der Hutu-Extremisten zu schwächen. Zusätzlich schwenkte die Stimmung in der internationalen Staatengemeinschaft um und Frankreich setzte sich an die Spitze der sogenannten »Opération Turquoise«, einer humanitären Intervention, die im Südwesten Ruandas eine Sicherheitszone einrichtete. Binnen 100 Tagen hatten die Hutu-Extremisten 800 000 Menschen ermordet, bevor ihre Offensive an Kraft verlor. Letztlich konnte die FPR den Sieg davontragen, und es gelang ihr, ganz Ruanda zu erobern. Dabei machte sich diese ebenfalls schwerer Kriegsverbrechen schuldig und tötete, selbst nachdem der Widerstand ihrer Gegner gebrochen war, noch gemeinsam mit der ruandischen Armee Hutu-Zivilisten.[24]

Das Ruanda-Tribunal:
Der Straflosigkeit ein Ende setzen

Ruanda ist ein Beispiel dafür, dass eine Gewaltspirale ohne rechtliche Aufarbeitung nicht zu stoppen ist. Über Jahrzehnte hatte sich eine Kultur der Straflosigkeit entwickelt und durchgesetzt. Gewalt löste Gegengewalt aus und bot den Nährboden für Angst und Hass, die von Politik und Medien geschürt wurde, um ihre Macht zu festigen oder auszudehnen. Wie schon beim Jugoslawien-Tribunal entschied auch in diesem Fall der UN-Sicherheitsrat, das Ruanda-Tribunal, dessen offizieller Name Internationaler Strafgerichtshof für Ruanda lautete, zu initiieren.

In seinen Zuständigkeitsbereich fielen die Kriegsverbrechen, die zwischen dem 1. Januar und 31. Dezember 1994 in Ruanda und seinen Nachbarländern verübt worden waren. Die Anklagebehörde hatte eine ermittelnde Sektion mit Sitz in Kigali und eine prozessführende Sektion mit Sitz im tansanischen Arusha. 25 Richter arbeiteten in vier Kammern, von denen eine als Appellationsgericht zusätzlich noch Fälle in Jugoslawien betreute. Auch die Zuständigkeit des Chefanklägers erstreckte sich auf beide Tribunale. Als ich das Amt 1999 übernahm, verbrachte ich jeden zweiten Monat drei Wochen in Tansania. Die Lufthansa flog damals täglich von Amsterdam nach Arusha. Das hing mit dem Handel von Tulpen zusammen – in Tansania befanden sich Plantagen, auf denen man chemische Mittel einsetzen konnte, die in Europa nicht zugelassen waren. In Arusha lag dieser chemische Duft immer in der Luft. Außerdem nutzten Touristen den Flieger, weil Arusha eine Basis für Reisen zum Kilimandscharo ist. Eine Randnotiz: Die Touristen haben mich amüsiert. Sie stiegen in demselben Hotel ab, in dem ich wohnte. Bei der Anreise waren sie gut gekleidet, ein bisschen im kolonialen Stil. Dann ging es auf Safari, und als sie zurückkamen, waren sie verstört und klagten über jede Menge Beschwerden. In Arusha stand ein kleines Flugzeug der UN für uns bereit, das uns in zwei Stunden nach Kigali brachte. Eine abenteuerliche Reise, denn die Maschine war alt und hatte des Öfteren Probleme.

Rückblickend bewerte ich das Ruanda-Tribunal als einen großen Erfolg, immerhin saß beinahe die gesamte Regierung, die sonst straflos für ihren Völkermord davongekommen wäre, in Haft. Einerseits war dort vieles leichter als in Jugoslawien: An den Taten bestand kein Zweifel, die Beweise lagen auf dem Tisch. Auch der Zeitraum war auf 100 Tage der Gewalt begrenzt. Ferner bekamen wir Hilfe seitens des ehemaligen Premierministers, der zuvor ein Geständnis abgelegt hatte. Andererseits gab es massive Probleme bei den Verhaftungen, und viele hochrangige Angeklagte blieben lange Zeit auf der Flucht. Diejenigen, die nach Europa geflohen waren, konnten wir recht zügig verhaften. Aber bei denjenigen, die sich in Afrika abgesetzt hatten, war und ist es fast aussichtslos, da sie dort selbst mit geringen Mitteln langfristig erfolgreich untertauchen konnten.

Félicien Kabuga beispielsweise, der mutmaßlich einen Großteil der Waffen geliefert hatte und durch seine leitende Position beim Sender RTLM als einer der Drahtzieher des Völkermords gilt, hielt sich jahrelang im Kongo auf. Schon 1997 hatten wir Anklage gegen ihn erhoben und einen Haftbefehl ausgestellt. Wir bezichtigten ihn der folgenden Taten: Genozid, Beteiligung am Genozid, direkte und öffentliche Anstiftung zum Genozid, versuchte Ausübung von Genozid, Verabredung zum Genozid sowie Verbrechen gegen die Menschlichkeit. Die USA hatten sogar ein Kopfgeld auf ihn ausgesetzt – fünf Millionen US-Dollar. Mehr als zwei Jahrzehnte gelang es Kabuga, der Festnahme zu entgehen. 2020 konnte er schließlich in Frankreich verhaftet und im Oktober nach Den Haag überstellt werden. Inzwischen ist er über 80 Jahre alt. Das Ruanda-Tribunal gibt es nicht mehr. Der Internationale Residualmechanismus für die Ad-hoc-Strafgerichtshöfe bildet die Nachfolgeorganisation sowohl des Ruanda- als auch des Jugoslawien-Tribunals. Dieser Mechanismus soll deren Arbeit zum Abschluss bringen. Er existiert seit 2012 mit Sitz in Den Haag und Arusha. Kabugas Anwälte konnten aufgrund seines Gesundheitszustandes erreichen, dass man ihn nach Den Haag anstatt nach Arusha brachte – die dortigen Haftbedingungen seien ihm nicht zuzumuten. Es bleibt abzuwarten, wie der Mechanismus weiterhin mit Kabuga verfahren wird. Im November 2020 erschien er erstmals vor dem Mechanismus und plädierte auf »nicht schuldig«. Es sind noch andere auf der Flucht, die sich vielleicht nie verantworten werden müssen. Das Tribunal selbst kann sie nicht mehr verurteilen.

Wie schon in Jugoslawien galt unsere Zuständigkeit auch in Ruanda hauptsächlich den Anführern und Drahtziehern hinter den Verbrechen. Ich erinnere mich, wie alle Verhafteten in einem Gefängnis in Arusha einsaßen, denn dort sollten auch die Verhandlungen stattfinden. Bei meinem ersten Besuch fand ich die fünf verhafteten Minister in einer Schule vor, die zur Anstalt gehörte. Die Lehrerin, eine ältere Dame, sehr gepflegt, lehrte der gesamten Regierung Englisch. Ich betrat die Klasse, und die üblichen Begrüßungsformeln folgten, »Frau Staatsanwältin« und so weiter. Dann fragte ich: »Was machen Sie hier?« Die Antwort: »Wir lernen Englisch.« Und ich: »Wozu? Sie werden nie aus dem Gefängnis herauskommen.« Da schauten sie mich an – die hatten das gar nicht ernst genommen und waren der Meinung, dass sie nach einer kurzen Episode wieder auf freiem Fuß wären. Aber sie wurden alle zu lebenslänglicher Haft verurteilt. Und lebenslänglich heißt in diesem Fall tatsächlich lebenslänglich. Nach den Verurteilungen verteilte man die Schuldiggesprochenen auf Gefängnisse in verschiedenen afrikanischen Staaten.

Meine Mitarbeiter und ich waren während der Tribunale konstant mit den furchtbaren Taten konfrontiert, die Völkermord, Kriegsverbrechen und Verbrechen gegen die Menschlichkeit ausmachen. Aber mit der Zeit wird die Grausamkeit zum Alltag, und man gewöhnt sich daran. Das ist, so traurig es klingt, eine notwendige Voraussetzung, insbesondere für die Arbeit in der Anklagebehörde. Es gab vereinzelt Mitarbeiter, die dem Druck nicht standhielten und nach einigen Jahren aufhören mussten. Am Tribunal hatten wir einen Psychologen angestellt, der in erster Linie die Zeugen betreuen sollte. Die Kreuzverhöre waren für viele nicht einfach, sie brachen zusammen und weinten. Im Prinzip hätten auch die Mitarbeiter seine Dienste in Anspruch nehmen können, aber ich weiß nicht, ob »meine Leute« jemals bei ihm waren. Ich glaube auch nicht, dass er es mir gesagt hätte. Denn ich machte ihm mehrfach deutlich, dass die Leute in meiner Anklagebehörde kaltblütig sein müssen, wenn sie diese Arbeit machen wollen. Ich selbst war oft einfach müde, schon allein wegen der langen Tage, die wir mit den Fällen zubrachten. Und manchmal ergriff mich ein überwältigender Frust. In diesen Momenten sagte ich mir immer: »Wenn du morgen aufwachst und dich immer noch so fühlst, dann hörst du auf.« Das ist aber nie geschehen.

Das Ruanda-Tribunal und der nachfolgende Mechanismus haben bis heute 93 Personen angeklagt: 62 wurden verurteilt, 14 freigesprochen, 10 den nationalen Gerichten übergeben,

3 sind auf der Flucht und 2 vor dem Verfahren verstorben. Zwei Anklagen wurden zurückgezogen.[25] Damit hatten wir natürlich nur einen Bruchteil aller Täter, die an dem Gemetzel beteiligt gewesen waren, erfasst – immerhin kamen etwa drei Viertel der Tutsi-Bevölkerung im Land sowie zahlreiche gemäßigte Hutu ums Leben. 1998 drängten sich in ganz Ruanda etwa 130 000 Insassen in Gefängnissen, die eigentlich für 12 000 Platz boten.

Aber wie in Jugoslawien war es auch hier so, dass Zeit und Geld uns Grenzen auferlegten. Die Kriegsverbrecher, die nicht in die Führungsebene eingebunden gewesen waren, mussten sich vor der nationalen Gerichtsbarkeit verantworten. Die konnte jedoch diese Menge an anstehenden Verhandlungen kaum stemmen. Die Lösung bestand in den sogenannten Gacaca-Tribunalen, die man daraufhin einrichtete. Dabei handelt es sich um lokale Gerichte in den Kommunen, die 2002 auf der Basis alter Traditionen in modernisierter Form neu errichtet worden waren. Man beauftragte lokale Richter, die man im Schnellverfahren innerhalb weniger Wochen entsprechend ausbildete, und Gemeindemitglieder – keine Staatsanwälte. 12 000 Gemeinden sollen seit 2005 mehr als eine Million Fälle über die Gacaca-Tribunale bearbeitet haben. Die Angeklagten verurteilte man zu gemeinnütziger Arbeit, Reparationszahlungen oder Gefängnisstrafen von bis zu 30 Jahren. Gacacas kann man nicht entlang der Parameter westlicher, insbesondere nicht internationaler Gerichte einordnen. Aber vor allem ist es wichtig, dass die Verbrechen geahndet wurden. So hat es vor allem die damalige Regierung in Ruanda, die auch heute noch an der Macht ist, gewollt. Man darf nicht vergessen: Tausende Opfer rufen nach Gerechtigkeit.

Urteile mit Präzedenz

Am 2. September 1998 befand das Ruanda-Tribunal Jean-Paul Akayesu des Völkermords für schuldig. Diesen Straftatbestand gab es seit 1949, aber hier kam er erstmals in einem Verfahren zur Anwendung. Der Angeklagte war Bürgermeister im ruandischen Taba gewesen und wurde für den Mord an 2000 Tutsi verurteilt:

> Mit Urteil vom 2. September 1998 befand die Kammer Akayesu der folgenden Verbrechen nach Artikel 6(1) für schuldig: Es erklärte ihn schuldig für Genozid, direkte und öffentliche Anstiftung zum Begehen von Genozid, Verbrechen gegen die Menschlichkeit [...].[26]

Dieser Urteilsspruch und das Verfahren waren insofern wichtig, dass nun alle Richter auf der Welt über eine rechtliche Definition des Völkermords und eine Vorlage zur Durchsetzung dieser Gesetzgebung verfügten. Es gilt nämlich, eine konkrete Intention nachzuweisen, nicht nur zum Mord, sondern beispielsweise zur Vernichtung einer bestimmten ethnischen Gruppe. Im Fall Akayesu hatten wir dafür Zeugenaussagen, unter anderem diese:

> Der Zeuge JJ bezeugte, dass sie von ihrem Haus weggefahren wurde, das zerstört worden war, nachdem ein Mann zu dem Berg in der Nähe ihres Wohnorts gekommen war und sagte, dass der Bürgermeister ihn geschickt hätte, damit kein Tutsi in dieser Nacht auf dem Berg bleiben sollte. Bei dem Treffen, das am Vormittag des 19. April 1994 stattfand, bei dem der Angeklagte sprach, bezeugte die Zeugin OO, dass ein weiterer Sprecher gesagt hätte, dass alle Tutsi ge-

tötet werden sollten, sodass eines Tages ein Kind geboren werden könne, das nachfragen müsse, wie ein Tutsi überhaupt aussehe. Sie zitierte den Sprecher weiter: »Ich werde Frieden finden, wenn kein Tutsi mehr in Ruanda ist.« Der Zeuge V bezeugte, dass Tutsi in den Fluss Nyabarongo geworfen wurden, der zum Nil fließt, und ihnen dabei gesagt wurde, sie sollten »ihre Eltern in Abessinien treffen«, das nahm Bezug darauf, dass die Tutsi aus Abessinien (Äthiopien) stammen und dass sie »dorthin zurückgehen sollten, woher sie stammen« (Anhörung vom 24 Januar 1997, S.7).[27]

Besondere Bedeutung hatte auch das Verfahren gegen Théoneste Bagosora, der 2008 zu einer lebenslänglichen Haftstrafe verurteilt wurde. Drei Jahre später verkürzte sich diese in einem Berufungsverfahren auf 35 Jahre. »Colonel Tod« hatte, wie bereits erwähnt, nicht nur den Völkermord vorab choreografiert, sondern nach dem Tod von Präsident Habyarimana das Ruder übernommen und den Startschuss für die Massaker gegeben. Er zweifelte noch vor Gericht an, dass es überhaupt einen Genozid gegeben habe. Dabei lagen unserer Anklagebehörde eindeutige Zeugenaussagen über seine umfangreichen Tötungslisten und die Verbrechen seiner Kämpfer vor.

Auch die Verurteilung der Verantwortlichen von RTLM war wegweisend. Bei Kabuga, der die Station leitete, steht das Urteil allerdings noch aus. Ein Auszug aus der Anklageschrift:

Félicien Kabuga diente dem RTLM als Präsident und hatte als solcher de facto und de jure die Kontrolle über Programme, Betrieb und Finanzen von RTLM. Seine Kompetenzen beinhalteten das Anstellen und Entlassen von Journalisten, ihnen Anweisungen zu geben, den Meetings von

RTLMs Comité d'Initiative vorzusitzen, RTLM in Meetings mit Behörden und Autoritäten zu repräsentieren und Pressekonferenzen abzuhalten.[28]

Bereits verurteilt wurde jedoch der Belgier Georges Ruggiu, der als Moderator bei RTLM tätig gewesen war: zwölf Jahre Haft für die direkte Anstiftung zum Völkermord und zwölf Jahre Haft für Verbrechen gegen die Menschlichkeit, obwohl er selbst keine Gewalttaten begangen hatte. Die Strafen sind nacheinander abzuleisten. Ruggiu war übrigens der einzige Weiße, der vor dem Ruanda-Tribunal stand. Er selbst sagte bei Befragungen aus: »In Ruanda habe ich alles verloren, einschließlich meiner Ehre.«[29] Während des Ruanda-Tribunals wurden zudem Vergewaltigungen erstmals als »Accessoire« des Völkermords definiert. Im Jugoslawien-Tribunal galt sexuelle Gewalt als Kriegsverbrechen und als Verbrechen gegen die Menschlichkeit. In Ruanda fiel sie unter Völkermord, denn als Völkermord gelten auch Taten, die seelische Schäden hervorrufen. Sexualisierte Gewalt ist eine bewusst gewählte Kriegswaffe, mit der Frauen, Familien und Gemeinschaften gebrochen werden. Diese Einordnung ist ein interessantes Detail, wenn man zum Beispiel auch an die Verbrechen des sogenannten Islamischen Staats in Syrien (ISIS) denkt. Auch seine Schergen nutzten Vergewaltigungen, um Völkermord an der Volksgruppe der Jesiden zu begehen. Das Ruanda-Tribunal dient auch in diesen Fällen als Vorlage für Richter in aller Welt.

Von den USA zur Siegerjustiz gezwungen

Tragisch im Fall Ruandas ist hingegen, dass es auf internationaler Ebene lediglich bei den Urteilen gegen die Mörder aufseiten der Hutu blieb. Im Zuge unserer Ermittlungen hatten wir nämlich herausgefunden, dass es auch durch die FPR, also die von den Tutsi gegründete Rebellenbewegung, zu Kriegsverbrechen gekommen war. Die traurige Wahrheit: Im Krieg ist keine Partei je unschuldig. Uns lagen Beweise vor, dass die Tutsi mehrere Massaker begangen hatten, die als Kriegsverbrechen oder Verbrechen gegen die Menschlichkeit einzustufen sind.

Paul Kagame, der damalige Befehlshaber der FPR, wurde nach 1994 Vizepräsident und Verteidigungsminister von Ruanda. Seit dem Jahr 2000 ist er der Präsident des Landes. Ich lernte Kagame kurz vor seiner Vereidigung kennen. Er versprach, uneingeschränkt mit uns zu kooperieren. Im Herbst desselben Jahres mehrten sich die Beweise für Gräueltaten durch die FPR: Glaubhafte Zeugen lieferten uns Beweise für insgesamt 13 Ausschreitungen, bei denen Zehntausende Menschen sterben mussten, unter anderem der Erzbischof und andere Geistliche in Gakurazo.

Ermittlungen in diesen Fällen würden heikel, das wusste ich. Denn Kagame und die Tutsi-Elite legitimierten ihre Machtübernahme mit der gerechten Beendigung des Völkermords. Wir zogen verdeckte Ermittlungen in Erwägung, aber die ruandischen Behörden beobachteten genau, was wir taten: Sie setzten nicht nur Beschatter auf uns an, sondern schleusten auch Geheimagenten in unseren Mitarbeiterstab ein, beispielsweise als Übersetzer. Des Weiteren nutzte der ruandische Geheimdienst die Überwachungstechnik, die ihm die USA zur Verfügung gestellt hatten, dazu, unsere gesamte Kommunikation zu abzuhören. Kurzum: Sie wussten über alles Bescheid. Da wir außerdem Zugang zu Dokumenten benötigten, die man nur in Kigali einsehen konnte, und Zeugen vernehmen mussten, lag auf der Hand, dass diese Ermittlungen nur in Zusammenarbeit mit den ruandischen Behörden durchführbar waren. Also berichtete ich Kagame Ende des Jahres 2000 von unseren Hinweisen auf die Massaker. In einem Vieraugengespräch stritt er diese nicht ab, sondern verwies auf die Ermittlungen der nationalen Behörden, die allerdings nach sechs Jahren Zeit kein einziges Ergebnis geliefert hatten. Er stimmte schließlich unseren Ermittlungen zu, wenn auch nicht für alle 13 Fälle. Ich entgegnete, dass wir mit dreien beginnen wollten – unsere Kapazitäten hätten sowieso nicht mehr hergegeben. Insofern war ich fast erleichtert über den Ausgang der Verhandlung.

Leider folgte diesen vielversprechenden Erklärungen nichts. Unsere Bitte um Einsicht in die Militärakten wurde ignoriert, und die Regierung verweigerte den Zeugen der Anklage die Ausreise nach Arusha. Nach und nach kam unsere Kooperation zum Erliegen. Und trotz ständiger Bekundungen zur Zusammenarbeit blieb es dabei. 2002 schließlich gab Kagame mir gegenüber sogar zu, dass er keine Ermittlungen gegen die FPR zulassen würde. Was die Brisanz verschärfte: Französische Ermittlungen zum Abschuss des Präsidentenflugzeugs, der den Völkermord ausgelöst hatte, ergaben, dass hohe Militärs der FPR darin verwickelt gewesen waren – und Kagame selbst.[30] In unserem Gespräch, bei dem dieser offen seine Kooperation verweigerte, schoss er deshalb gegen Frankreich: Die französische Armee habe dem Völkermord 1994 Vorschub geleistet. Das sollten wir untersuchen, nicht die FPR.

Wie bereits erwähnt, war die französische Armee 1994 per Resolution des Sicherheitsrats mit der militärischen Mission »Opération Turquoise« in Ruanda betraut. Dabei handelte es sich um eine sogenannte friedenserzwingende Intervention nach der UN-Charta, Kapitel VII. Dort heißt es unter Artikel 39:

Der Sicherheitsrat stellt fest, ob eine Bedrohung oder ein Bruch des Friedens oder eine Angriffshandlung vorliegt; er gibt Empfehlungen ab oder beschließt, welche Maßnahmen auf Grund der Artikel 41 und 42 zu treffen sind, um den Weltfrieden und die internationale Sicherheit zu wahren oder wiederherzustellen.[31]

Aber wir konnten keinerlei Hinweise auf die unterstellte Beteiligung Frankreichs weder am Völkermord noch am Anschlag auf Präsident Habyarimana finden. Der Grund dafür ist, dass es schlichtweg keine gab. Nachklapp: Es war insbesondere Präsident Kagame, der darauf aus war, Frankreich hier irgendeine Schuld zuzuweisen. Aber es entspricht einfach nicht den Tatsachen. Meiner Meinung nach wollte er einfach von sich selbst und der FPR ablenken. Denn Frankreich hatte im Fall des Flugzeugabsturzes ebenfalls ermittelt, weil der französische Pilot der Maschine ums Leben gekommen war. 2018 mussten die Franzosen das Verfahren wegen mangelnder Beweise einstellen. Zuvor jedoch, im Jahr 2006, hatten französische Untersuchungsrichter verkündet, dass Kagames Dunstkreis und eventuell er selbst in den Anschlag, der den Völkermord ausgelöst hatte, verwickelt gewesen seien. Ruandische Untersuchungen kamen hingegen zu dem Schluss, dass Hutu-Extremisten dafür verantwortlich gewesen waren.

Aber eins nach dem anderen. Ich berichtete dem Sicherheitsrat, dass Ruanda die Zusammenarbeit mit dem Tribunal verweigere. Die USA und andere Länder drängten Kigali daraufhin zur Kooperation. Der Sicherheitsrat jedoch reagierte lediglich mit einer Rüge an die ruandische Regierung. Mir blieb also nichts anderes übrig, als die Ermittler aus Kigali abzuziehen. Wir verfassten einen Bericht über das bisher gesammelte Beweismaterial. Es war klar: Das würde nicht für eine Anklage ausreichen. Bald sollten allerdings noch weit wichtigere Faktoren und Player auf den Plan treten.

2002 wurde in Den Haag der permanente Internationale Strafgerichtshof auf Basis des Rom-Statuts gegründet. Bill Clinton unterzeichnete das Statut noch kurz vor dem Ende seiner Präsidentschaft im Namen der USA. Er hatte aber die Rechnung ohne seinen Nachfolger gemacht, denn George W. Bush ratifizierte es nicht. Außerdem begann das US-Außenministerium zunehmend, bilaterale Verträge, die also zwei Länder betreffen, mit schwächeren Staaten zu schließen. Darin war häufig vorgesehen, dass die Unterzeichnerstaaten die Bürger des jeweiligen Partners nicht nach Den Haag auslieferten. So auch im Vertrag mit Ruanda am 3. März 2003. Mir drängte sich daher die starke Vermutung auf, dass Kagame als Gegenleistung für seine Unterschrift die Unterstützung der USA gegen unsere Ermittlungen hinsichtlich der Massaker durch die FPR verlangt hatte.

Ich sah mich bestätigt, als sich der US-Sonderbeauftragte für Kriegsverbrechen, Pierre-Richard Prosper, im gleichen Jahr bei einem offiziellen Gespräch mit Vertretern der von Tutsi dominierten ruandischen Regierung und mir hinter die Ruander stellte. Sie forderten, dass ich die Ermittlungen gegen die FPR den nationalen Behörden überlassen und ihnen mein Beweismaterial aushändigen solle – mit anderen Worten: genau den Behörden, die seit neun Jahren in dieser Sache nichts unternommen hatten. Das würde auch bedeuten, unsere Zeugen einer erheblichen Gefahr auszusetzen. Denn wer könnte diejenigen schützen, die gegen die herrschende Tutsi-Elite aussagen? Prosper hatte ein Abkommen vorbereitet, das ich allerdings nicht unterzeichnete. Ich signalisierte, dass ich unter bestimmten Bedingungen bereit wäre, die Ermittlungen den nationalen Behörden zu überlassen, nur um meine grundsätzliche Kooperationsbereitschaft zu zeigen. Später in Arusha nahmen wir das aber schnell wieder zurück.

Noch am selben Tag teilte Prosper mir mit, dass einige Staaten der Ansicht seien, das Ruanda-Tribunal benötige einen eigenen Chefankläger, losgelöst von Jugoslawien. Mich wolle man für Ruanda aber kein weiteres Mal ernennen. In den darauffolgenden Monaten bekam ich zudem mit, dass die USA Stimmung gegen mich machten und forderten, dass auch mein Jugoslawien-Mandat höchstens um zwei Jahre verlängert werden sollte. Unterstützt wurden sie dabei von Großbritannien. Die Briten gingen sogar so weit, Leute aus meinem Stab für Befragungen in ihre Botschaft einzubestellen. Journalisten der *New York Times* berichteten damals über diese Situation und zitierten den Vertreter eines Mitgliedsstaats im Sicherheitsrat: Die ruandische Regierung habe sich über mich beklagt und versucht, Einfluss zu nehmen.[32] Ende Juli 2003 beschloss man schließlich, die beiden Tribunale wie geplant zu trennen, auch sollten sie ihre Ermittlungen bis 2004 und ihre Prozesse bis 2008 abschließen, die Berufungen bis 2010. Kofi Annan teilte mir kurz darauf mit, dass ich nur noch Chefanklägerin im Jugoslawien-Tribunal sein werde. Wütend angesichts dieser Entscheidung wollte ich vor dem Sicherheitsrat sprechen, wo man mir gerade einmal fünf Minuten Redezeit gewährte – viel zu wenig, um zu sagen, was gesagt werden musste. Aber Kofi Annan hörte mir zu. Seine Antwort war in klare Worten gefasst: »Carla, der Sicherheitsrat ist eine politische Institution und trifft politische Entscheidungen.«

Um es ganz deutlich auszudrücken: Wir konnten nicht gegen die Tutsi ermitteln, weil uns die von Tutsi dominierte Regierung mit ihrem Präsidenten Kagame, einem General der FPR zu ihren schlimmsten Zeiten, systematisch daran hinderte – aber vor allem, weil die USA und Großbritannien die Ruander in ihrer Verweigerung unterstützten. Kagame hatte bei der Verfolgung der Morde durch die Hutu kooperiert, stellte aber jegliche Zusammenarbeit ein, sobald es um die von den Tutsi begangenen Massaker ging. Und mit dieser Haltung kam er dank seiner amerikanischen und britischen Freunde durch, obwohl er gemäß Statut zur Kooperation verpflichtet war.

Der einfachste Weg, weitere Ermittlungen zu verhindern, bestand darin, den Posten des Chefanklägers neu zu besetzen. Mein Nachfolger hat die 13 Massaker der Tutsi nicht weiter untersucht, und alle, außer mir, waren zufrieden. Dabei ist das Wichtigste an der internationalen Strafgerichtsbarkeit, dass die Opfer Gerechtigkeit erfahren. Für die Opfer aufseiten der Hutu gab es keine Gerechtigkeit und wird es auch nie welche geben. Die Tutsi und Präsident Kagame sind heute noch in Ruanda an der Macht. Momentan ist die Lage dort, abgesehen von einigen Spannungen, ruhig – nicht zuletzt wegen Covid-19. Über die damaligen Motive der USA kann ich nur spekulieren. Vermutlich standen ökonomische oder geopolitische Überlegungen dahinter. Ich bedaure, dass das Ruanda-Tribunal wegen ihnen nie wirklich unabhängig arbeiten und seine Pflicht gegenüber den Opfern der anderen Seite erfüllen konnte.

Das Völkerrecht hat politische Grenzen

Nach wie vor bin ich trotz allem der Meinung, dass beide Tribunale große Erfolge darstellten. Man muss bedenken, dass wir ohne sie auf internationaler Ebene gar nichts hätten unternehmen können und sich die Straflosigkeit durchgesetzt hätte. Wir setzten Standards, was die Rechtsprechung in Bezug auf Völkermord angeht. Und unsere Ermittlungen brachten eine unvergleichliche Dokumentation der Verbrechen im ehemaligen Jugoslawien und in Ruanda hervor. Niemand wird je sagen können, es hätte diese Verbrechen nicht gegeben.

Dennoch traten bei beiden Tribunalen die Grenzen der internationalen Gerichtsbarkeit mehr als deutlich hervor. Damit meine ich nicht nur die »Gummiwand«, mit der Regierungen unbequeme Ermittlungen behinderten und einzelne Politiker ihre Karrieren retten wollten. Wir mussten erleben, wie internationale Organisationen, nationale Regierungen und Geheimdienste uns zu ihren eigenen Zwecken die Mitarbeit verweigerten. Wie Gelder gestrichen, Zeitpläne gestrafft und Listen von Angeklagten gekürzt wurden. Wie man Ermittlungen in bestimmte Richtungen – beispielsweise gegen die NATO – verlangsamte oder verhinderte. Und wie Regierungen, allen voran die der USA, intervenierten und ihren Einfluss gegen uns geltend machten. Das vermute ich für Kroatien, beispielsweise im Fall Ante Gotovina. Und das weiß ich im Fall von Ruanda und den Massakern der Tutsi. Schließlich durfte ich mit eigenen Augen ansehen, wie Personalentscheidungen getroffen wurden, um unliebsame Untersuchungen zu beenden. Die USA, die anfangs noch die treibende Kraft hinter der internationalen Justiz waren, mit Know-how, Ressourcen und Willensstärke, haben sich aus ihr zurückgezogen und schließlich sogar gegen sie gewandt. Präsident George W. Bush wollte das Rom-Statut nicht ratifizieren – und von Donald Trump war in Sachen Völkerrecht überhaupt nichts zu erwarten.

Habe ich deshalb den Glauben an die internationale Justiz verloren? Nein. Meine Mitarbeiter und ich wussten zu jedem Zeitpunkt, dass unserer Arbeit politische Grenzen gesetzt sind. Enttäuscht bin ich hingegen in anderer Hinsicht: Wir haben geglaubt, dass unsere Arbeit gegen Kriegsverbrechen, Verbrechen gegen die Menschlichkeit, Völkermord und Aggression ein Signal an die politischen Führer dieser Welt sendet und die Gräueltaten künftig abnehmen werden. Aber man muss nicht weit blicken, um zu sehen: Diese präventive Wirkung ist nicht eingetreten.

Das Versagen der UNO

Beim Thema Prävention müssen wir außerdem einen Blick auf die Vereinten Nationen und ihre Rolle bei den Völkermorden in Jugoslawien und Ruanda werfen. Denn letzten Endes sieht man deutlich: Die UNO hat versagt – und ihr Mandat, für Frieden und Stabilität zu sorgen, nicht erfüllt.

In Jugoslawien hatte sie Schutzzonen eingerichtet, um die Menschen, die Zuflucht vor den grausamen Ereignissen in ihrem Land suchten, zu beschützen. Ihr Scheitern konnte die ganze Welt 1995 an den Fernsehbildschirmen verfolgen. Zur Erinnerung: Die UNO hatte Blauhelme nach Srebrenica geschickt, welche die Stadt sichern und etwa 20 000 Flüchtlinge verteidigen sollten. Aber die niederländischen Soldaten waren als Friedenstruppe nach Kapitel VII der UN-Charta nur leicht bewaffnet. Die Rahmenbedingungen des Mandats entsprachen den Grundsätzen des UN-Peacekeepings: Die Konfliktparteien mussten zustimmen, unparteiisch bleiben und die Blauhelme durften Gewalt, wenn überhaupt, dann nur minimal zur Selbstverteidigung einsetzen. Die Blauhelme waren in ihrem Hauptquartier in Potočari stationiert und hatten außerdem 30 Beobachtungsposten in und am Rand der UN-Schutzzone. Sie konnten von dort aus genau beobachten, wie Mladić sich mit seinen Milizen über die umgebenden Bergkuppen näherte, immerhin 15 000 Mann, ausgerüstet mit Beständen der ehemaligen jugoslawischen Armee, und die Truppen auf den umliegenden Hügelketten versammelte. Daraufhin forderten die Blauhelme Hilfe an, aber niemand reagierte. Ab dem 6. Juli 1995 gelang es Mladićs Schergen, die Niederländer von Süden her immer weiter zurückzudrängen, bis die Milizen drei Tage später nur noch etwa einen Kilometer von Srebrenica entfernt standen. Als diese am 11. Juli schließlich die in einem engen Tal gelegene Stadt besetzten, befanden sich dort nur noch wenige Menschen. Die meisten waren Richtung Norden nach Potočari geflohen, wohin sich auch die UN-Soldaten von ihren Beobachtungsposten zurückgezogen hatten. Dort drängten sich inzwischen mehr als 20 000 Menschen.

Die angeforderte Hilfe kam nicht, obwohl die NATO in der Adria über Flugzeugträger verfügte, in Italien Kampfflugzeuge bereitstanden und die völkerrechtliche Basis für ein Eingreifen gegeben war – denn die Blauhelmsoldaten und die Zivilbevölkerung befanden sich in ernsthafter Gefahr. Aber der Sicherheitsrat unternahm nichts. Im Nachhinein entschuldigte man sich mit der Begründung, dass serbische Milizen insgesamt 30 UN-Soldaten in Geiselhaft genommen hatten, oder wahlweise, dass ein zu entschiedenes Vorgehen dem Friedensprozess in ganz Jugoslawien abträglich gewesen wäre. Aber das sind, meiner Ansicht nach, vorgeschobene Gründe. Wie ernst die Lage war, wurde schon wenige Tage später offenbar, als sich das schlimmste Massaker auf europäischem Boden seit dem Zweiten Weltkrieg vollzog – und das vor den Augen der Weltöffentlichkeit, der Vereinten Nationen und der hilflosen Blauhelme.

Es ist dabei wichtig zu betonen, dass die Niederländer nicht im Auftrag eines einzelnen Staats in Srebrenica stationiert waren, sondern als Soldaten der Völkergemeinschaft. Und ebendiese ließ sie und die ihrem Schutz anbefohlenen Menschen im Stich. Es gab übrigens ein juristisches Nachspiel: Das Landgericht in Den Haag sprach dem niederländischen Staat 2014 eine zivilrechtliche Mitschuld an dem Verbrechen zu – nicht an der Ermordung der insgesamt 8 000 muslimischen Opfer, bei denen das Gericht davon ausging, dass sie auch ohne Unterstützung der Blauhelme deportiert worden wären. Das galt aber nicht für die etwa 350 muslimischen Männer, die sich in direkter Obhut der niederländischen Soldaten im UN-Hauptquartier befunden hatten. Ihnen sei durch die Auslieferung die Chance aufs Überleben genommen worden, so das Gericht 2014. Oberst Thom Karremans sah sich damals gezwungen, mit Mladić, dessen Truppen den Blauhelmen in Zahl und Ausrüstung weit überlegen waren, zu verhandeln. Das Ergebnis: Die bosnischen Muslime mussten das Gelände in den folgenden Tagen verlassen, wurden von den Serben abtransportiert und allesamt erschossen.

Es ist schwierig, die Lage der Blauhelme, die damals der Übermacht der Milizen ausgeliefert waren, einzuschätzen. Hatten die Soldaten wissen können, was den ausgelieferten Männern bevorsteht? Dass die Milizen sie ermorden würden? Oder hatten sie überhaupt die Wahl, sie nicht auszuliefern? Hätten sie in dem Fall nicht damit rechnen müssen, dass alle Menschen, die sich auf ihrem Gelände befanden, im Kugelhagel untergehen würden? Ich finde dieses Urteil von 2014 fatal, denn es war die internationale Völkergemeinschaft, die beim

Schutz der muslimischen Bevölkerung scheiterte. Zufrieden stimmt mich hingegen das Urteil gegen Ratko Mladić, einen der Hauptverantwortlichen des Massakers, das erst nach meiner Zeit als Chefanklägerin fiel. Die Kammer fasste ihre Arbeit wie folgt zusammen:

> Der Gerichtshof kam für 530 Verhandlungstage zusammen, während derer er die Aussagen von 592 Zeugen gehört hat und 10 000 Unterlagen gesichtet hat. Der Gerichtshof hat 2 000 gerichtlich verwertbaren Fakten berücksichtigt.[33]

Das Gericht fasste auch die Ergebnisse der Untersuchungen zusammen, so zum Beispiel zu Srebrenica:

> Am 13. und 14. Juli 1995 wurden etwa 1 000 bosnisch-muslimische Männer, darunter Kinder und Alte, in einem Warenlager in Kravica hingerichtet. Am 16. Juli wurden zwischen 1 000 und 1 200 bosnisch-muslimische Zivilisten auf dem Militärgelände von Branjevo gemeinsam hingerichtet. Vor der Hinrichtung wurden einigen von ihnen die Hände zusammengebunden, oder sie bekamen Augenbinden und sie wurden gezwungen zu beten, ich zitiere »auf muslimische Art«. Am selben Tag wurden etwa 500 bosnisch-muslimische Männer und zwei Frauen im Pilica Kulturzentrum hingerichtet.[34]

Am Ende erhielt Mladić eine lebenslange Haftstrafe:

> Die begangenen Verbrechen gehören zu den abscheulichsten, die die Menschheit kennt, und beinhalten Genozid und Vernichtung als Verbrechen gegen die Menschlichkeit. [...]

Für das Begehen dieser Straftaten verurteilt das Gericht
Herrn Mladić zu lebenslanger Haft.[35]

Aber obwohl die Strafe ein Stück Gerechtigkeit bedeutet,
ersetzt sie keine Prävention – es hätte niemand sterben sollen.

Ähnlich verhielt es sich in Ruanda. Auch dort waren Sol-
daten aus Belgien und Frankreich auf einer Peacekeeping-
Mission stationiert, um die Lage unter Kontrolle zu halten,
ebenfalls in zu geringer Zahl und zu schlecht bewaffnet.
Erneut baten die Einsatzkräfte um Hilfe. Der Kanadier Roméo
Dallaire, Kommandeur der 2 500 damals in Ruanda statio-
nierten Blauhelme, informierte die Vereinten Nationen in
New York schon im Januar 1994, also drei Monate vor dem
Blutvergießen, dass ein Insider ihm von Plänen zu einem
Genozid berichtet hatte. Man antwortete ihm, er solle Ruhe
bewahren. Die UNO blieb tatenlos. Am 7. April ermordeten
die Hutu zehn belgische Blauhelme, mit dem wohl einkalku-
lierten Resultat, dass die ausländischen Kräfte ihr gesamtes
Personal ausflogen. Dem Völkermord stand nichts mehr im
Wege.

Auch hier stellt sich mir die Frage: Warum hat die UNO
nicht rechtzeitig etwas unternommen? Lag etwa eine tödliche
Fehleinschätzung zugrunde? Oder erkannte man den Ernst
der Lage, war aber nicht willens zu handeln? Diese Fragen
bleiben unbeantwortet. Wir wissen jedoch, dass Kofi Annan
1998 nach Ruanda reiste, um sich zu entschuldigen. Zum
Zeitpunkt der Massaker war er nämlich noch kein UN-Generalsekretär, sondern Leiter der zuständigen UN-Abteilung für
die Blauhelme. Er war es gewesen, der die Warnungen des
Kommandeurs nicht ernst genommen hatte.

Unabhängig von seinen Gründen für diese Entscheidung
wird eines klar: Die UNO ist unfähig, ihr Mandat zu erfüllen –

Frieden, Demokratie und Respekt für die Menschenrechte. Und diese Unfähigkeit zeigt sich auch seit zehn Jahren in Syrien, wo das Völkerrecht und Menschenrechte mit Füßen getreten werden.

Triumph der Straflosigkeit in Syrien

Im Krieg in Syrien sind seit 2011 mehr als 500 000 Menschen ums Leben gekommen. Etwa 12 Millionen befinden sich auf der Flucht, die Hälfte davon im eigenen Land. Sie leben in provisorischen Notunterkünften, Schulen und Moscheen. Von denen, die das Land verlassen haben, sind die meisten in die Türkei, den Libanon oder nach Jordanien geflohen. Mehr als eine Million hat sich auf den Weg nach Europa gemacht. Ein Dasein auf der Flucht bedeutet, dass diese Menschen – gleich ob sie in ihrer syrischen Heimat oder in anderen Ländern Schutz suchen – ständig und unter Lebensgefahr auf dem Weg von einer menschenunwürdigen Notunterkunft zur anderen sind, in der jahrelangen Ungewissheit, ob und wann sie wieder ein normales Leben führen können. Die Welt hat keinen Ort für sie. Die Europäer sehen nicht nur die Bilder des Kriegs im Fernsehen und im Internet, sondern sind auch – manche mehr, manche weniger – täglich mit den Geflüchteten konfrontiert.

Aufgrund der katastrophalen Lebensumstände in den Flüchtlingslagern vor allem in den Nachbarstaaten, aber auch in Griechenland, Bosnien und anderen europäischen Ländern, sind 2019 knapp 100 000 Menschen nach Syrien zurückgekehrt. Das Syrische Netzwerk für Menschenrechte (Syrian Network for Human Rights) berichtete, dass Regierungskräfte zwischen 2014 und 2019 mindestens 1916 Rückkehrer festgenommen haben, davon galten nach letztem Stand 638 Menschen als »verschwunden«.[1]

Allein 2019 und 2020 haben alle in Syrien beteiligten Konfliktparteien zahllose Kriegsverbrechen begangen. Zwischen Dezember 2019 und März 2020 waren die Menschen im Nordwesten Syriens, einem Gebiet, dass sich in den Händen oppositioneller Gruppen befindet, zahlreichen gewalttätigen Übergriffen ausgesetzt. Die syrische Regierung und ihre russischen Verbündeten haben aus der Luft und vom Boden aus ganze Wohngebiete mitsamt der versorgenden Infrastruktur zerstört und damit erneut eine Fluchtbewegung ausgelöst. In den Gebieten Aleppo und Idlib sind inzwischen ganze Gemeinden verlassen. Amnesty International hat von Frühjahr 2019 an bis Ende Februar 2020 insgesamt 18 Angriffe auf Krankenhäuser durch syrische und russische Militäreinsätze dokumentiert.[2]

Für 2019 berichtet Amnesty, dass Regierungstruppen den Menschen in den kontrollierten Gebieten keinen Zugang zu humanitärer Hilfe gewährten. Sie hielten zudem Zehntausende in Haft, darunter Aktivisten, Mitarbeiter von Hilfsorganisationen, Anwälte und Journalisten. Die von der Türkei unterstützten bewaffneten Gruppen plünderten und beschlagnahmten laut Amnestys Dokumentation Privateigentum, verhafteten willkürlich Zivilpersonen und begingen zahlreiche weitere Menschenrechtsverstöße, vor allem in Afrin. Es gibt Hinweise, dass diese Einheiten im Auftrag Ankaras für wahllose Angriffe im Nordosten Syriens verantwortlich sind. Und die US-geführte internationale Koalition hat sich immer noch nicht dazu durchgerungen, Untersuchungen zu den zivilen Opfern ihrer Luftschläge gegen den Islamischen Staat 2017 in Rakka einzuleiten.

Insgesamt führten die Militäroffensiven dazu, dass im Nordwesten Syriens rund 400 000 Menschen und im Nordosten etwa 174 600 vertrieben wurden.[3] Viele Städte wie Homs oder Aleppo liegen in Schutt und Asche. Doch das Leben in Syrien ist nicht nur von Gewalt geprägt, sondern auch von wirtschaftlicher Not. Das Syrische Pfund befindet sich im Sinkflug, die Preise für Lebensmittel erleben hingegen Rekordhöhen. Die Corona-Krise trifft das gebeutelte Land hart, und viele, insbesondere Tagelöhner, finden keine Arbeit mehr. Inzwischen leben mehr als 80 Prozent der Bevölkerung unter der Armutsgrenze, fast 10 Millionen Menschen haben nicht genug Nahrung.[4]

Dieser kurze Abriss, der lediglich die Spitze des Eisberges an Völkerrechts- und Menschenrechtsvergehen in Syrien illustriert, lässt erahnen, welches Ausmaß die Gewaltexzesse in dem Land seit 2011 angenommen haben.

Rückblick: Assads Syrien und die Proteste 2011

Versetzen wir uns in die Zeit, bevor die Gewalt in Syrien eskaliert ist. In was für einem Land lebten die Menschen dort vor 2011? Durch den Ausnahmezustand, der in Syrien seit dem Putsch der Baath-Partei 1963 durchgängig gegolten hatte, verfügten die Behörden über weitreichende Befugnisse, Personen festzunehmen. Das Regime begründete ihn mit »Terrorismusgefahr«. Er versetzte sie in die Lage, Gesetze außer Kraft zu setzen, Zeitungen zu schließen und Parteien zu verbieten. Menschen durften sich seitdem nicht im öffentlichen Raum versammeln. Die Regierung duldete keine abweichenden Meinungen. Andersdenkende mussten mit unfairen Gerichtsverfahren, Festnahmen und Haftstrafen rechnen. Folter und Misshandlungen waren auf Polizeiwachen und in Gefängnissen an der Tagesordnung. Menschenrechtsorganisationen und oppositionelle Parteien ließen die Behörden nicht zu.

Zwar gab es 2010 Gesetze, die beispielsweise das Tragen des Nikab verboten, dennoch waren Frauen insgesamt stark von Diskriminierung und geschlechtsspezifischer Gewalt betroffen. Durch Mord aufgrund der »Familienehre« fanden 22 Frauen allein im Jahr 2010 den Tod. Die kurdische Minderheit hatte keinen gleichberechtigten Zugang zu wirtschaftlichen, sozialen und kulturellen Rechten. 2010 gab es in Syrien Tausende »Verschwundene«. Sie, größtenteils Islamisten, waren in den späten 1970er- und Anfang der 1980er-Jahre beispielsweise im Libanon entweder direkt von syrischen Streitkräften gefangen genommen oder von ihren libanesischen Verbündeten und palästinensischen Militärs verschleppt und den syrischen Streitkräften übergeben worden, bevor diese sich 2005 aus dem Libanon zurückzogen. Zahlreiche Todesfälle von Menschen in Haft wurden nie aufgeklärt. Im Mai 2010 forderte der UN-Ausschuss gegen Folter die syrische Regierung auf, darüber eine unabhängige Untersuchung einzuleiten und »die Familien dieser Gefangenen in Kenntnis zu setzen, ob ihre Angehörigen noch leben und sich im Gefängnis befinden«.[5] Auch Armut war ein großes Problem. So ging der UN-Sonderberichterstatter über das Recht auf Nahrung davon aus, dass etwa zwei bis drei Millionen Menschen in Syrien unter Bedingungen extremer Armut leben mussten.[6]

Dennoch war es der Regierung Baschar al-Assads bis dahin gelungen, die grundlegende Versorgung und Infrastruktur im Land zu sichern. Das hatte jedoch strukturelle Konsequenzen: Der Staat war als größter Arbeitgeber im Land nicht nur zuständig für Gesundheitswesen und Bildung, sondern auch für die Versorgung mit Lebensmitteln wie Brot. Das Regime hatte diesen Diensten zu Beginn des Konflikts noch eine gewisse Priorität zukommen lassen. Assad stand dadurch für Ordnung, ein Garant für die Aufrechterhaltung des Staats. Das ist ein wichtiger Aspekt der weiteren Entwicklung, denn im Verlauf des Kriegs sollte sich einzig ISIS als fähig erweisen, ein Mindestmaß an Versorgung zu gewährleisten. Die moderate Opposition versuchte parallel immer wieder, alternative Strukturen aufzubauen, die allerdings von den Streitkräften der Regierung zerstört wurden. Dies hatte zur Folge, dass viele Menschen gezwungen waren, die Gebiete aufzusuchen, in denen das Regime die Versorgungsinfrastruktur kontrollierte – eine wichtige Ursache für die Fluchtbewegungen im Land.

Die Bedeutung dieser staatlichen Strukturen und ihre enge Bindung an die Familie Assad, ist das Resultat eines jahrzehntelangen Prozesses. Hafez al-Assad, der Vater des heutigen Präsidenten, hatte sich 1970 mithilfe des Militärs an die Macht geputscht. Zu dieser Zeit gab es bereits eine gut ausgebaute Versorgungsinfrastruktur, die das Regime Assad in den nächsten 30 Jahren bis in die höchsten Ebenen gründlich durchdringen würde. Unterstützt wurde Syrien von Wirtschaftshilfen aus der Sowjetunion und anderen arabischen Staaten sowie von den Transfergebühren für irakisches Öl. Für Profite sorgte außerdem die eigene, wenn auch geringe Ölproduktion. Die Assads festigten ihre Macht. Damit einher ging ein Personenkult, der unter anderem in Fotos und Statuen der Präsidentenfamilie zum Ausdruck kam.

Im Jahr 2000, nachdem das Regime einige wirtschaftliche Krisen etwa durch den Verfall des Ölpreises und das Wegbrechen internationaler Unterstützung überstanden hatte, trat Baschar al-Assad das Erbe seines Vaters an. Er übernahm gleichzeitig die Positionen als Staatspräsident und als Generalsekretär der herrschenden Baath-Partei. Ihre Programmatik ließ sich als eine Mischung aus Nationalismus und europäischem Sozialismus beschreiben. Das Staatsverständnis war laizistisch und säkular, der Einfluss von Religionsgemeinschaften auf die Politik ausdrücklich nicht erwünscht.[7] Religiös begründete Aufstände wie den der Muslimbruderschaft in den 1980er-Jahren schlug die Regierung Assad brutal nieder. Beim Massaker von Hama gingen die aufständischen Muslimbrüder zunächst mit mörderischer Gewalt gegen Regierungsangehörige und ihre Familien vor. Als die Regierungstruppen die Stadt wieder unter Kontrolle hatten, ermordeten diese wiederum unbewaffnete Einwohner. Es soll Zehntausende Opfer gegeben haben.[8]

Für den Konflikt heute spielt es eine Rolle, dass Syrien ein Vielvölkerstaat war und ist. Die Bevölkerung setzt sich zusammen aus syrischen Arabern, Armeniern, Assyrern, Aramäern, Kurden, Palästinensern, Tscherkessen und Turkmenen. Sie gehören verschiedenen Religionsgemeinschaften an, wobei die islamischen Sunniten mit etwa 70 Prozent dominieren. Andere religiöse Gruppen sind beispielsweise Alawiten, Christen, Jesiden und Schiiten. Die Familie Assad gehört der alawitischen Glaubensgemeinde an, die ihrerseits den Schiiten nahesteht.

Bis zum Jahr 2010 hatte es die Assad-Familie geschafft, die Linien zwischen ihrem Regime – einem Netzwerk aus informellen Strukturen basierend auf Familie oder Religion – und dem Staatsapparat zu verwischen.[9] Die sozioökonomische Lage jedoch verschlechterte sich und die Arbeitslosigkeit lag mit geschätzten 30 Prozent weit über dem offiziellen Wert von 10 Prozent. Dazu kamen Missernten aufgrund von anhaltender Trockenheit. Syrien hatte zudem über eine Million Flüchtlinge aus dem benachbarten Irak aufgenommen,[10] eine Konsequenz des Kriegs dort. 2003 waren die USA und Großbritannien in den Irakkrieg gezogen und hatten das Land bis 2011 besetzt.

Im selben Jahr verschafft sich im Nahen und Mittleren Osten eine Reihe von Protestbewegungen Gehör – in Deutschland sprach man damals optimistisch vom »Arabischen Frühling«. Bald breitete sich die Stimmung auch auf die syrische Bevölkerung aus. In der südlichen Provinz Daraa schmierten etwa 15 Schüler regierungsfeindliche Parolen an Wände. Daraufhin nahm die lokale Geheimpolizei 15 Jungen im Teenageralter fest und hielt sie unter dem Kommando von General Atef Najib, einem Cousin des Präsidenten, in Arrest. Die Sicherheitskräfte schlugen die Jungen, verabreichten ihnen Elektroschocks, fügten ihnen Verbrennungen zu und rissen ihnen die Fingernägel heraus. Mit den Protesten weitete sich auch die Gewalt des Regimes in Daraa aus. Ende März hatten die Unruhen das ganze Land erfasst. Zahlreiche Demonstranten trugen Blumen als Zeichen ihres friedlichen Protests. Das regierungstreue Militär ging mit Tränengas, Knüppeln und scharfer Munition gegen die Protestierenden vor. Es gab zahlreiche Verhaftungen. Die Ziele der Regierungsgegner waren vielfältig: Reformen in Wirtschaft und Politik, Beendigung des seit 50 Jahren geltenden Ausnahmezustands (was im März 2011 dann auch geschah), Entlassung politischer Gefangener und Lockerung der Restriktionen, die syrische Muslimbrüder ins Exil getrieben hatten.[11]

Die Militäreinsätze gegen Zivilisten nahmen zu, bis sich im Juli 2011 die Armee spaltete: Eine Gruppe von Offizieren schwor dem Regime ab und gründete die Freie

Syrische Armee (FSA), die das Ziel hatte, Präsident Assad zu entmachten. Je brutaler die regimetreue Armee gegen die Zivilbevölkerung vorging, desto mehr Zulauf gewann die FSA. Außerdem trat die Al-Nusra-Front, ein Ableger der Terrororganisation al-Qaida, auf den Plan und verübte Anschläge auf Regierungstruppen. Kurdische Milizen der YPG breiteten ihr Einflussgebiet in Nordsyrien immer weiter aus. Im Oktober gründeten Teile der sunnitischen Mehrheit in der Bevölkerung die Rebellenmiliz Ahrar al-Scham. Dazu kamen weitere islamistische Gruppen. War die Opposition zu Beginn ihrer Proteste noch auf demokratische Reformen aus, forderte sie Ende 2011 zunehmend einen islamisch ge-prägten Staat. Die christlichen Kirchen in Syrien meldeten Anschläge sowohl durch die Al-Nusra-Front als auch durch die FSA. Bis zum Juli 2012 war die Gewalt im Land so eska-liert, dass das Internationale Komitee des Roten Kreuzes von einem Bürgerkrieg sprach.[12] Das Regime Assad stand einer heterogenen Opposition aus diversen Rebellenbewegungen gegenüber, die sich aus Islamisten, kurdischen Gruppen und einer demokratischen Minderheit zusammensetzte.

Eskalation zum internationalen Stellvertreterkrieg

Seit 2011 ist es der Weltgemeinschaft und ihrer wichtigsten Organisation, der UNO, nicht gelungen, für Frieden und Stabilität in Syrien zu sorgen. Im Gegenteil: Inzwischen hat sich Syrien in ein internationales Schlachtfeld verwandelt: Iran, Russland, Türkei, Israel, USA und diverse europäische Staaten – alle sind an den Kampfhandlungen beteiligt, und ausnahmslos alle haben Kriegsverbrechen begangen. Offizi-ell ist von einem »nicht internationalen bewaffneten Konflikt«

die Rede, also einem Bürgerkrieg zwischen Regime und Rebellen. Das Völkerrecht tritt man dabei mit Füßen.

Bereits seit Mai 2011 kämpften Streitkräfte des Iran, unterstützt von Truppen der libanesischen Hisbollah, ihrem wichtigsten Partner auf nichtstaatlicher Ebene, aufseiten des Assad-Regimes. Noch im selben Jahr reagierten die USA: Zunächst verhängte der damalige Präsident Barack Obama Sanktionen gegen das syrische Regime. 2012 gaben die USA bekannt, die Rebellen finanziell zu unterstützen. Ein Jahr später stellte sich heraus, dass die CIA über Partner in Saudi-Arabien und Katar die Rebellen mit Waffen versorgte, bald darauf kamen die Lieferungen auf offiziellem Wege. Parallel setzte Obama auf Diplomatie und entsandte erstmals wieder einen Botschafter nach Damaskus, um den Dialog mit dem System Assad neu aufzunehmen. Im selben Jahr griffen ISIS-Truppen aus dem Irak in den Syrienkrieg ein. Sie attackierten in erster Linie Assads Truppen, aber auch die Al-Nusra-Front und kurdische Milizen. Dabei verübten sie zahllose Massaker an Zivilisten, vor allem an Alawiten und Christen. Seit Ende 2013 sind es größtenteils Islamisten verschiedenster Couleur, die gegen Assad kämpfen, darunter Dschihadisten aus der ganzen Welt. Bis Ende 2014 kontrollierte ISIS etwa ein Drittel des syrischen Staatsgebiets. Eine internationale Allianz von Streitkräften westlicher und arabischer Staaten sowie der Türkei ging seit September 2014 gegen ISIS vor.

Putin stand von Anfang an hinter Assad. Zunächst unterstützte Moskau das Regime politisch, indem es Resolutionen im UN-Sicherheitsrat per Veto verhinderte, aber seit 2015 steht Russland als offizielle Kriegspartei den Truppen Assads zur Seite. Noch im gleichen Jahr startete Frankreich Luftangriffe gegen ISIS. Präsident François Hollande begründete das unter anderem mit den steigenden Flüchtlingszahlen in

Europa. Man müsse die Menschen in Syrien vor der islamistischen Gewalt schützen. Die Aufständischen wurden über die arabischen Staaten beispielsweise mit Panzerabwehrraketen aus US-amerikanischer Produktion versorgt. 2015 ist auch das Jahr, ab dem die USA offiziell Luftangriffe gegen ISIS in Syrien flogen. Obama entsandte jedoch noch keine Bodentruppen. Erst 2017, unter Donald Trump, stationierte man einige Hundert Soldaten in der Region Manbidsch. Ende 2018 kündigte dieser, nachdem er den Sieg über ISIS ausgerufen hatte, den Truppenabzug aus Syrien an. Gleichzeitig sperrte er aber Millionen von US-Dollar, die für den Wiederaufbau Syriens vorgesehen waren. 2019 trat Trump von seinem ursprünglichen Plan zurück: US-Truppen sollten jetzt die Ölfelder im Nordosten Syriens sichern.

In Großbritannien hatte das Parlament vor 2015 lediglich Luftangriffen auf ISIS im Irak zugestimmt. Bald wurde aber bekannt, dass die Luftwaffe ohne gesetzliche Legitimation Ziele in Syrien angegriffen hatte. Der Premierminister David Cameron wusste davon Bescheid. Ende des Jahres stimmte das Parlament den Angriffen dann rückwirkend zu, ab diesem Zeitpunkt erfolgten sie offiziell. Zudem war Großbritannien ab 2016 ebenfalls mit Bodentruppen am Krieg in Syrien beteiligt. Ein weiterer Player ist Israel, das zwischen 2013 und 2018 mehrere Rebellengruppen in Syrien mit Waffen und Geldmitteln unterstützte. Als die syrische Armee in den Süden des Landes vorstieß und das Gebiet an der Grenze zu Israel besetzte, brachen die Lieferungen abrupt ab.

Auch die Türkei verfolgt ihre Interessen in diesem Konflikt. Bereits seit 2012 bildete der türkische Geheimdienst Kämpfer einzelner oppositioneller Gruppen in Syrien aus. Erdogan sind außerdem die Kurden ein Dorn im Auge: Er betrachtet die syrische Kurden-Miliz YPG als Ableger der PKK, die in der Türkei als Terrororganisation gilt. Als die YPG den Islamischen Staat im Norden Syriens zurückdrängen konnte, befürchtete Ankara, dass die PKK aus diesem Grenzgebiet heraus in der Türkei operieren könnte. Diese Sorge blieb nicht unbegründet – kurz darauf kam es zu Anschlägen, und der Waffenstillstand zwischen der PKK und der türkischen Regierung fand ein Ende. 2015 erfolgten erste »punktuelle« Eingriffe der Türkei in Form von Luftangriffen auf Stellungen von ISIS, der PKK und der YPG. Ende 2016 startete die erste türkische Militäroffensive in Nordsyrien. Damit wollte man ein zusammenhängendes Gebiet unter vornehmlich kurdischer Kontrolle verhindern. 2018 folgte eine weitere Offensive, bei der die Stadt Afrin erobert wurde. Die Türkei richtete eine sogenannte Sicherheitszone ein, indem sie dort ansässige Kurden vertrieb und geflohene Menschen aus anderen Landesteilen Syriens ansiedelte. Damit machte sie sich im Grunde einer »ethnischen Säuberung« schuldig.[13]

Die vorgegebenen Gründe für das Eingreifen der diversen Parteien in den Krieg waren vielfältig. Die westlichen Länder, Frankreich, Großbritannien und die USA, argumentierten damit, ISIS aufhalten zu müssen. Sowohl, um die Menschen in Syrien vor deren Gewaltausbrüchen zu schützen, als auch, um die Terrorgefahr durch Anschläge im jeweils eigenen Land einzudämmen. Außerdem galt Assad als Diktator, der von der Regierung zurücktreten solle. Mit den Giftgasangriffen habe das Regime eine rote Linie überschritten. Russland hingegen sah in Syrien schon seit Sowjetzeiten einen Verbündeten und argumentierte, dass Assad die bessere Alternative zu den islamistischen Rebellengruppen sei. Für Putin sind besonders die bilateralen Abkommen von Interesse, die Russland Zugang zu Militärstützpunkten im Mittelmeer wie dem syrischen Hafen Tartus gewähren.

Ihr Fortbestehen sichert der russischen Flotte Kriegshäfen außerhalb des ehemaligen Sowjetraums.

Der Iran stand ebenfalls auf der Seite Assads. Gründe dafür sind geostrategische Überlegungen, etwa die Ausweitung des iranischen Handlungsspielraums in der Region. Syrien war zudem stets der einzige strategische Partner des Iran auf staatlicher Ebene. Dabei spielen religiöse Hintergründe eine Rolle: Der Iran gilt als Schutzmacht der Schiiten, die den überwiegend sunnitischen Rebellenbewegungen entgegentritt. Die Alawiten, zu denen auch die Familie Assad gehört, stehen ebenfalls den Schiiten nahe. Die Türkei schließlich, die zunächst die Regierung Assad durch eine ihr besser gesonnene ersetzen wollte, hat ihre ursprünglichen Ziele geändert. Inzwischen akzeptiert man, dass Assad an der Macht bleiben und Syrien als Staat fortbestehen soll. Ihr Hauptinteresse liegt hingegen darin, die Entstehung eines kurdischen Staats an der türkischen Grenze zu verhindern.

Die Fronten verlaufen also folgendermaßen: Auf der einen Seite steht das Syrien Assads mit seinen Verbündeten Russland, dem Iran und der Türkei, auf der anderen die Rebellen, die Hilfe aus den USA, verschiedenen europäischen Ländern und Saudi-Arabien erhalten. Dass letztere jeweils unterschiedliche Gruppierungen unterstützen, hat die diversen Bewegungen noch zusätzlich zersplittert. Für alle am Krieg beteiligten Parteien gilt, dass sie sowohl das Völkerrecht gebrochen als auch Kriegsverbrechen und Verbrechen gegen die Menschlichkeit begangen haben. Eine Kultur der Straflosigkeit hat sich in Syrien etabliert. Die Opfer, egal welcher Partei, erfahren keine Gerechtigkeit, und die Weltgemeinschaft ist offensichtlich nicht in der Lage, für Frieden und Stabilität in Syrien zu sorgen – die UNO, deren Mandat genau darauf abzielt, hat versagt. Stattdessen sind wir heute mit einer

Destabilisierung der gesamten Region und dem Kollaps des syrischen Staats konfrontiert.

Die Syrien-Kommission: Kampf gegen Windmühlen

2011 kehrte ich aus Buenos Aires in die Schweiz zurück. In Argentinien war ich im Anschluss an meine Stelle als Chefanklägerin beim Jugoslawien-Tribunal vier Jahre lang Botschafterin für die Schweiz gewesen. Botschafterin, das war eine ruhige Aufgabe, die aber auch interessant sein konnte. Eigentlich hatte man mich gebeten, nach dem Jugoslawien-Tribunal wieder als Schweizer Bundesanwältin tätig zu werden. Aber das lehnte ich ab und ging stattdessen nach Buenos Aires. 2011 wurde ich pensioniert – finito, und habe mich auf meine Zukunft als »Nonna« gefreut, darauf, Golf und Bridge zu spielen, das Leben zu genießen. Ich ging zurück ins Tessin, in die Wohnung, die ich mir schon vor Jahren gekauft hatte. Bis der Anruf aus Bern kam: Die Schweiz wollte mich als Kandidatin für eine UNO-Kommission zur Untersuchung der Kriegsverbrechen in Syrien aufstellen. Am anderen Ende der Leitung war jemand aus dem damaligen Außenministerium der Schweiz, ein guter Bekannter. Ich konnte nicht Nein sagen. Nicht nur weil ich die notwendige Erfahrung aus den Tribunalen in Ruanda und Jugoslawien hatte, sondern auch weil ich etwas Positives erreichen konnte. Auf meine übliche Frage, wie lange die Mission dauern würde, antwortete man mir, zwischen drei und acht Monaten.

Das ist das übliche Vorgehen der UNO in Konfliktfällen: Sie schafft bei Konflikten oder Kriegen in einem Land eine Kommission, die dann untersucht, ob es dort Kriegsverbrechen oder Menschenrechtsverstöße gibt, und einen Bericht schreibt. Der wird üblicherweise dem UN-Sicherheitsrat vorgelegt, der daraufhin entscheidet, was zu tun ist. Und bisher hatte der Sicherheitsrat auch immer etwas in die Wege geleitet. Daher die optimistische Zeiteinschätzung. In Syrien ist die Situation bekanntermaßen eine andere: Denn es kam zu einer Alibi-Übung dieser Kommission, die inzwischen seit zehn Jahren mehr oder weniger untersucht und untersucht, ohne dass etwas dabei herauskommt und ohne dass Konsequenzen durch den Sicherheitsrat folgen.

Sowohl in Jugoslawien als auch in Ruanda hatte die UNO bereits nach den ersten Berichten die Tribunale ins Leben gerufen. Nicht so in Syrien: Die Kommission legte die Resultate ihrer Arbeit vor – darin enthalten Belege für Kriegsverbrechen, Verbrechen gegen die Menschlichkeit, das ganze Arsenal an Scheußlichkeiten – und nichts geschah, außer, dass die UNO die Arbeit der Kommission um weitere sechs Monate verlängerte. In dieser zweiten Periode bin ich dazugestoßen. Die Kommission tagte in Genf, wo der UNO-Menschenrechtsrat (UNHRC) seinen Sitz hat. Ihr Präsident war und ist ein brasilianischer Professor der Politikwissenschaft namens Paulo Sérgio Pinheiro. Dazu kamen die US-Amerikanerin Karen Koning AbuZayd und Vitit Muntarbhorn aus Thailand. Wir waren also zu viert. Leihweise standen uns 25 Mitarbeiter der UNO inklusive Ermittler zur Verfügung. Dazu kamen vier Kommissare. Gemessen an den vergangenen Kommissionen waren wir schwach besetzt, schließlich mussten wir ermitteln, als seien wir eine Anklagebehörde.

Unsere Büros befanden sich im Palais Wilson in Genf, bei der Abteilung für Menschenrechte. Sie lagen direkt unter dem Dach, wir erreichten sie über eine Treppe aus dem vierten Stock. Man stellte uns dann noch ein Sitzungszimmer im

Erdgeschoss zur Verfügung, weil die Hitze im Sommer unerträglich war. Wir tagten mit der Kommission in Genf in den Monaten Januar, März, Juli, August und September. Außerdem statteten wir den Botschaftern einiger Länder – darunter zum Beispiel Irak, Jordanien, Russland und die USA – Höflichkeitsbesuche ab. Wir mussten uns gut mit ihnen stellen, denn wir waren auf ihre Erlaubnis angewiesen, Zeugen der jeweiligen Länder zu befragen. Alle sechs Monate legten wir dem UNHRC einen Bericht vor, der parallel immer auch zur Kenntnis an den UN-Sicherheitsrat ging.

An dieser Stelle ein Wort zur Entstehungsgeschichte des UNHRC. Der 2006 gegründete UN-Menschenrechtsrat ist ein vergleichsweise junges Nebenorgan der UN-Generalversammlung. Er wurde gegen den Willen der USA gegründet, die argumentiert hatten, dass die Aufnahmekriterien für die Mitgliedsstaaten zu schwach seien. Dort säßen nämlich auch genau die Staaten, in denen die Menschenrechte mit Füßen getreten werden. Man würde sozusagen den Bock zum Gärtner machen. Der UNHRC hat 47 Mitgliedsstaaten, die von der UN-Generalversammlung gewählt werden. Die Sitze verteilen sich nach einem geografischen Schlüssel: Staaten des afrikanischen Kontinents und aus dem Raum Asien-Pazifik bekommen jeweils 13 Sitze, Lateinamerika und die Karibik gemeinsam 8, auf Westeuropa fallen 7 Sitze und auf Osteuropa 6. Die Vertreter werden jeweils für drei Jahre in den UNHRC gewählt. Bis Januar 2020 hatten insgesamt 117 UN-Mitgliedsstaaten Vertreter in den Rat entsandt.

Als ich im September 2012 zur Kommission stieß, war der Krieg bereits in vollem Gange. Vor allem im Norden Syriens hatten sich Gewalt und Straflosigkeit ausgebreitet. Von Beginn an verfügten wir über reichlich Material. Die Medien hatten so gut wie täglich über die Verbrechen der verschiedenen Kriegsparteien berichtet. Dazu kamen Berichte von NGOs wie beispielsweise Human Rights Watch. In Syrien selbst konnten wir keine Untersuchungen durchführen, da uns die Regierung eine Einreiseerlaubnis verweigerte. Aber wir hatten Verbindungen zu den Nachbarstaaten. So reisten wir regelmäßig in den Libanon, vor allem nach Beirut, wohin viele Menschen aus Syrien geflohen waren. Außerdem besuchten wir Jordanien, den Irak, die Türkei und diverse kurdische Gebiete. Wir pflegten überall enge Kontakte sowohl zu den Geflüchteten als auch zu den Behörden, deren Wissen über die Vorgänge in Syrien uns sehr interessierte. Im vierten Bericht der Kommission, vom Februar 2013 – also dem ersten, bei dem ich mitgearbeitet hatte –, dokumentierten wir auf mehr als zehn Seiten die Kriegsverbrechen, die allein in den vergangenen sechs Monaten verübt worden waren. Zusätzlich standen wir mit Menschen in Syrien über Skype und Telefon in Kontakt. Und wir kooperierten mit Ermittlern in Syrien, aber die waren nicht Teil unserer Kommission. Auch von NGOs, die in Syrien aktiv waren, bekamen wir Unterstützung. Bei den Kriegsverbrechen, zu denen wir ermittelten, geht es zum Beispiel um Morde, willkürliche Festnahmen, Folter und sexuelle Gewalt.

> Ein FSA-Kämpfer bestätigte, dass er Teil einer Brigade gewesen war, die »fünf Alawiten« auf einer Straße nach al-Haffa in Latakia im späten Juli gefangen genommen, sie dann befragt und kurz darauf exekutiert hätte. Er gab an, dass »sunnitische Gefangene behalten wurden. Alawiten wurden hingerichtet« A/HRC/22/59 12GE.13-10627. In diesem Fall beging die FSA das Kriegsverbrechen der Hinrichtung ohne Prozess.[14]

Das ist nur ein Beispiel für die zahlreichen Verbrechen, die wir in diesem Zeitraum dokumentiert hatten. Hier ein zweites:

> Am 7. Januar 2013 haben Regierungstruppen die Kontrolle über Al-Mastomah wiedererlangt, nachdem sie die Stadt wahllos beschossen und drei Tage mit der FSA gekämpft hatten. Sie betraten das Dorf und führten Durchsuchungen von Haus zu Haus durch, richteten Zivilisten hin und Personen aus nahe gelegenen Vierteln, die nicht am Kampf beteiligt gewesen waren. Das Videomaterial von den Getöteten zeigt, dass die Regierungsstreitkräfte Frauen, Kinder und alte Menschen hingerichtet und damit das Kriegsverbrechen Mord begangen haben.[15]

Leider hatte ich bei den Ermittlungen von Anfang an nicht freie Hand. Zunächst einmal sollten wir eine reine Lagebeurteilung liefern und die begangenen Verbrechen objektiv auflisten. Das war mit unseren knappen Ressourcen zwar problemlos möglich, aber dafür hätte eigentlich ein Blick in die Zeitung genügt. Die Journalisten berichteten ausführlich und wussten wahrscheinlich sogar vieles besser als wir, denn im Gegensatz zu uns befanden sie sich vor Ort in Syrien. Wir hatten unsere Informationen von denen, die dort waren, neben den Geflohenen auch Journalisten und Mitarbeiter von NGOs.

Wir hatten noch dazu ein spezielles Mandat vom UNHRC, auch die Täter zu ermitteln. Das war mir besonders wichtig. Ich wollte deshalb, dass wir tiefere Untersuchungen anstellen und Beweise gegen die politisch und militärisch Verantwortlichen sammeln. Das blieb uns aber verwehrt. Nicht nur wegen mangelnder Ressourcen, sondern auch weil der Präsident unserer Kommission sich dagegenstellte. Sein Argument war, dass wir keine Anklagebehörde sind – also sollten wir es dabei belassen und nicht weiter vorpreschen. Es gab große Diskussionen. Bei der Abstimmung stellten sich alle anderen Mitglieder auf seine Seite. Dabei handelte es sich nicht um einen Einzelfall: Oft war ich die Einzige, die für ein anderes Vorgehen war als der Kommissionspräsident. Genauso wurde es auch in diesem Fall entschieden: keine tieferen Ermittlungen. Wir erstellten aber immerhin eine Liste über die Täter, die wir durch weitere Ermittlungen hätten überführen können. Darin zählten wir Individuen und Einheiten auf, deren Namen im Zuge unserer Untersuchungen immer wieder als Schuldige auftauchten. Die Liste wuchs jeden Monat weiter an, aber wir haben sie nie veröffentlicht, weder in dem Bericht vom Februar 2013 noch in den folgenden. Auch die Namen der Opfer und insbesondere die unserer Zeugen hielten wir geheim, um sie und ihre Familien keiner Gefahr durch Repressalien auszusetzen. Der Entschluss zur Geheimhaltung der Namen tat mir weh, denn ich komme natürlich aus einer anderen Welt – in der man Beweise sammelt und die Täter vor Gericht stellt.

Am Ende unserer Berichte standen immer Empfehlungen für das weitere Vorgehen, beispielsweise die Beendigung der Gewalt durch Gespräche, aber auch die Berücksichtigung der Menschenrechtssituation durch eine zukünftige UN-Mission. Bereits in ihrem Bericht vom Februar 2012, also vor meiner Zeit, empfahl die Kommission eine strafrechtliche Aufarbeitung der begangenen Verbrechen:

> Die Kommission empfiehlt, dass der UNHRC und der zukünftige Sonderberichterstatter über die Situation der Menschrechte in der Syrisch-Arabischen Republik so weit wie möglich damit fortfahren, die Verantwortlichen für

internationale Straftaten zu identifizieren, immer im Hinblick darauf, abzusichern, dass die Täter verantwortlich gemacht werden.[16]

Ein Jahr später, im Februar 2013, schlugen wir vor, die Verbrechen, die in Syrien begangen worden waren, vor den Internationalen Strafgerichtshof in Den Haag zu bringen, den es ja inzwischen gab:

> Die Kommission empfiehlt, dass der Sicherheitsrat: […]
> (b) im Licht der Schwere der Verletzungen und Verbrechen, begangen von Regierungsstreitkräften und Anti-Regierungsgruppen, entsprechende Maßnahmen ergreift und sich zu den Menschenrechten bekennt und zu gesetzlicher Ordnung, und zwar mit den Mitteln der Justiz, möglicherweise des Internationalen Strafgerichtshofs, mit dem Wissen, dass im Fall der Syrisch-Arabischen Republik nur der Sicherheitsrat über die Kompetenz verfügt, die Situation an den Gerichtshof zu übergeben.[17]

In meinen Augen wäre der Gerichtshof die richtige Institution gewesen, um die Straflosigkeit in Syrien zu beenden. Da Syrien aber kein Mitglied des Rom-Statuts ist, kann dieser dort nicht ohne Weiteres tätig werden. Die einzige Möglichkeit in so einem Fall ist eine Resolution des UN-Sicherheitsrats.

Unsere Berichte und Empfehlungen lagen vor, aber eine Reaktion blieb aus: Der Sicherheitsrat hat bis heute nie beschlossen, den Fall Syrien vor den Internationalen Strafgerichtshof zu bringen. Trotz des Zuspruchs vieler Staaten, darunter beispielsweise Deutschland und Frankreich, legten Russland und China, die auf der Seite Assads stehen, 2014 ihr

Veto ein. Der stellvertretende UN-Generalsekretär betonte damals, dass das syrische Volk das grundlegende Recht auf Gerechtigkeit habe und es die Pflicht der UNO und ihrer Mitgliedsstaaten sei, dieses zu verteidigen.[18] Erst 2018 hat António Guterres, der seit 2017 Generalsekretär der UNO ist, erneut an den Sicherheitsrat appelliert, Syriens Kriegsverbrechen durch den Internationalen Strafgerichtshof aufklären zu lassen. Auch einzelne europäische Staaten unternahmen immer wieder Vorstöße in diese Richtung. Aber eine weitere Resolution ist nie zur Abstimmung gekommen, weil alle Beteiligten wissen, dass Russlands Veto sie erneut verhindern würde.

Darin liegt also der Hauptgrund, dass die Kriegsverbrecher in Syrien bis heute straffrei sind. Ich will aber auch betonen, dass die USA sich in dieser Angelegenheit nicht besonders engagiert haben. Waren sie früher noch der Motor, der die internationale Justiz vorangetrieben hatte, so zeigten sie hier kaum Präsenz. Vor allem die Politik Donald Trumps zeugte von großem Desinteresse an der humanitären Situation in Syrien. Hätten die US-Amerikaner Initiative gezeigt, wäre indes vieles möglich gewesen, wie zum Beispiel eine Verhandlung der ISIS-Verbrechen. Russland wäre hier nicht in die Lage gekommen, seinen Verbündeten Assad vor den Kopf zu stoßen. Wir hatten mehrmals Berichte speziell über die Verbrechen von ISIS verfasst, um den Sicherheitsrat zum Handeln zu bewegen. Sie basierten auf zahlreichen Zeugenaussagen. Hier ist einer davon:

Die Hände von beiden Opfern wurden auf jede Seite des improvisierten Kreuzes gebunden. Ich ging weg, um die Plakate zu lesen. Auf dem ersten stand: »Das ist das Schicksal derjenigen, die gegen uns sind.« Mir wurde bewusst, dass mein siebenjähriger Sohn neben mir stand, der noch meine Hand hielt und die schreckliche Szene mit ansah. Er fragte mich später: »Warum waren die da? Warum war da Blut auf ihren Köpfen und Körpern?« Ich musste ihn anlügen und sagte, dass sie auf Sanitäter warteten, die kommen und sie retten würden. / Zeuge zu einem zur Schau gestellten Körper eines ISIS-Opfers, Dayr Az-Zawr.[19]

2016 gaben wir einen Bericht zum Völkermord an den Jesiden heraus, die ISIS seit 2014 als »Ungläubige« auslöschen will. Dabei handelt es sich um eine Glaubensgemeinschaft mit mehreren Hunderttausend Anhängern, die in der Region Sindschar im Nordirak an der Grenze zu Syrien lebten. Im August 2014 begann der Islamische Staat mit ihrer systematischen Ausrottung. Innerhalb weniger Tage fegten sie ganze Dörfer leer, richteten die Männer hin und verkauften die Frauen in Harems ihrer Anhänger.

Da viele Jesiden über die Grenze in die syrischen Lager von ISIS verschleppt wurden, fielen die Verbrechen in Zuständigkeitsbereich unserer Kommission. Die Beweislage für den Völkermord war erdrückend. Uns lagen Zeugenaussagen sowohl für die Exekutionen als auch für die sexuelle Gewalt an den Frauen vor. Nicht nur konnten unsere Ermittler Gespräche mit Opfern führen, die sich in die Türkei geflüchtet hatten, sondern ISIS selbst beweihräucherte sich für seine Taten und stellte entsprechende Videos ins Netz. Ausschlaggebend für den Tatbestand des Völkermords ist der Nachweis, dass eine ethnische Gruppe systematisch vollständig oder in Teilen vernichtet werden sollte. Im Fall der Jesiden war das eindeutig belegbar. Ich ging fest davon aus, dass nach diesem Bericht von 2016, für den wir zwei Jahre lang Fakten und Beweise recherchiert hatten, endlich etwas geschehen würde, dass der Sicherheitsrat die Zahl der Opfer und die Grausamkeit nicht weiter ignorieren könne. Unsere Arbeit lieferte jede Grundlage für ein Einschreiten des Internationalen Strafgerichts. Aber auch dieses Mal geschah nichts.

Ich hatte mir nicht nur erhofft, den Opfern von ISIS Gerechtigkeit zu verschaffen und zu verhindern, dass die Täter ungesühnt davonkommen. Viele von ihnen wünschten sich, die Zerstörer ihres Volkes auf der Anklagebank in Den Haag zu sehen. Und sie wollte ich nicht enttäuschen. Meine Strategie wäre aber außerdem gewesen, zuerst gegen die ISIS-Täter vorzugehen, um dann den Gerichtshof zu erweitern und auch andere Verbrechen abstrafen zu können. Aber das passive Verhalten der USA in internationalen Institutionen wie dem UN-Sicherheitsrat hat beides verhindert.

Das makabre Spiel mit dem Giftgas

Erstmals 2013 erwähnten wir in einem Bericht unseren »hinreichenden Verdacht«, dass in Syrien Chemiewaffen zum Einsatz kamen. Wir äußerten uns vorsichtig und hielten die Namen der Verantwortlichen zurück. Denn zu diesem Zeitpunkt sah es so aus, dass nur ein Fünkchen reichen würde, um das Pulverfass endgültig zum Explodieren zu bringen.

Die meisten Mitgliedsstaaten der UNO hatten die Chemiewaffenkonvention (CWK) unterzeichnet und ratifiziert. Dieses internationale Übereinkommen verbietet Entwicklung, Herstellung, Besitz, Weitergabe und Einsatz chemischer Waffen und trat 1997 in Kraft. Syrien schloss sich dem Abkommen aber erst 2013 an, als der Krieg bereits tobte. Das Regime hatte also seit den 1970er-Jahren Gelegenheit, ein Arsenal an

C-Waffen anzulegen, das nicht nur das größte im Mittleren Osten, sondern das viertgrößte weltweit ist. Da sich der Staat kurz vor dem Kollaps befand, sah man plötzlich die Gefahr, dass einerseits Assad, andererseits auch Rebellengruppen, denen die Waffen durch Eroberungen in die Hände fallen könnten, diese zum Einsatz bringen.

In unserem Bericht vom 18. Juli 2013 erwähnten wir vier konventionelle Angriffe im März und April desselben Jahres in Aleppo, Damaskus und Idlib, die von einem begrenzten Einsatz von Giftgas begleitet worden waren. Den genauen Kampfstoff konnten wir jedoch nicht identifizieren.[20] Einen Angriff mit Giftgas erkennt man an den Wunden der Opfer, wer ihn aber veranlasst hat, muss ermittelt werden. Und wie Chemiewaffen in die Hände von Rebellen gelangen konnten, ist eine heikle Frage, bei deren Beantwortung unter Umständen unangenehme Wahrheiten ans Licht kommen.

In diesem Fall beschuldigten sich beide Seiten gegenseitig des Mordes an Hunderten Opfern. Die Angaben variierten allerdings stark: So warfen die Rebellen der Regierung vor, 2013 sogar mehrere Tausend Menschen mit Giftgas getötet zu haben. Unsere ersten Ermittlungen kamen jedoch zum gegenläufigen Schluss, dass es nicht die Regierung war, die zuerst chemische Waffen benutzt hatte, sondern die Rebellen. Dafür lagen uns Zeugenaussagen vor, aber aufgrund des frühen Ermittlungsstandes noch keine stichhaltigen Beweise. Ich teilte unsere Vermutung dennoch der Presse mit. Das war ein Skandal, da es nicht ins Weltbild der internationalen Gemeinschaft passte, die mehrheitlich die Rebellen als »die Guten« und die syrische Regierung als »die Bösen« ansah.

Obama hatte auch eine Intervention der USA angekündigt, falls die syrische Regierung die »rote Linie« überschreiten würde. Und diese rote Linie, das ist in der Sprache der Diplomatie zum Beispiel der Einsatz von Chemiewaffen. Unser Kommissionspräsident machte mir damals schwere Vorwürfe, dass ich über unseren Verdacht mit der Presse geredet hatte. So etwas solle man geheim halten. Der Vorfall verschwand aber bald wieder aus der öffentlichen Wahrnehmung, und wir setzten unsere Ermittlungen fort. Schlussendlich kam heraus, dass beide Seiten chemische Waffen eingesetzt hatten, dafür lagen uns Beweise vor. Es war unter anderem eine Schule attackiert worden, das ging zweifellos auf das Konto der Regierung.

Erstaunlicherweise kostete der Einsatz dieser Waffen eine unerwartet geringe Zahl an Menschenleben, insbesondere wenn man sie mit den Opfern durch konventionelle Waffensysteme in Syrien vergleicht. Dass Massenvernichtungswaffen, die normalerweise Tausende Tote zur Folge haben, in diesem Fall so wenig Wirkung zeigten, kann ich mir nur damit erklären, dass ihr Einsatz eine Geste war mit einer strategischen Absicht dahinter. Der Hauptkampfstoff der syrischen Chemiewaffen ist Sarin, eines der tödlichsten Nervengase der Welt. Militärchemiker haben einen Messwert für die Wirksamkeit von Giften entwickelt, LCt_{50}. Je niedriger die Zahl, desto giftiger ist der Kampfstoff. Phosgen, das im Ersten Weltkrieg verwendet wurde, hat einen Wert von 3 200, Senfgas folgt mit 1 500, dann Tabun mit 400. Der Wert von Sarin liegt gerade mal bei 100. Es ist lautlos, geruchlos, farblos und sammelt sich wie Staub am Boden.[21] Innerhalb von wenigen Minuten führt es zu Atem- und Herzstillstand, wobei die genaue Dauer davon abhängt, wie nahe man dem Gift kommt und wie lange man ihm ausgesetzt ist. Wir haben nie richtig verstanden, warum diese Waffen zum Einsatz kamen, denn ihr eigentliches Ziel, die Massenvernichtung, wurde in Syrien scheinbar bewusst vermieden. So argumentierte beispielsweise Russland, dass es für die Regierung sinnlos sei, C-Waffen einzusetzen, wenn es keine entsprechenden Opferzahlen gebe.

Letztlich hat das Regime die Chemiewaffenkonvention auf einen Vorschlag Russlands hin ratifiziert und sich bereit erklärt, die Bestände zu vernichten. Soviel ich weiß, geschah das zunächst auch, doch bald darauf hörte man wieder damit auf. Es folgten Appelle der internationalen Gemeinschaft und allerhand Komplikationen. Am Ende sehe ich es so: Selbst wenn ein großer Teil der Waffen zerstört wurde, bleibt doch noch etwas übrig. Außerdem ist es gut möglich, dass die Regierung wieder neue Waffen in Auftrag gibt. Ich vertraue ihnen nicht. Ein essenzieller Aspekt ratifizierter Abkommen wie der CWK besteht darin, dass man über eine Handhabe für Sanktionen oder ein Verfahren des Internationalen Strafgerichtshofs verfügt, wenn ein Staat dagegen verstößt. 2017 haben wir mit der Kommission eine Übersicht über den Einsatz von C-Waffen in Syrien veröffentlicht. Ganze 34 Vorfälle konnten wir gründlich genug untersuchen, um sicher zu sein, was vorgefallen war: Die meisten Angriffe gingen von der Regierung aus. Zum Einsatz kamen Chlorin und Sarin. Nur in sechs Fällen konnte der Täter nicht ermittelt werden. Gab es bisher strafrechtliche Konsequenzen? Nein.

Übersicht über Chemiewaffen-Einsätze in Syrien[22]

Chemiewaffenangriffe dokumentiert durch die Unabhängige internationale Untersuchungskommission für die Arabische Republik Syrien (Schirmherrschaft UN-Menschenrechtsrat, Stand: 15. Januar 2018).

■ 2013

19. März: Damaskus, Uteibah, Angreifer unbekannt
Umstände ungeklärt.

19. März: Aleppo, Khan Al-Asal, Angreifer unbekannt
Chemischer Kampfstoff mit denselben Merkmalen wie in Al-Ghouta (21. August 2013).

13. April: Aleppo, Scheich-Maksud-Viertel, Angreifer unbekannt
Umstände ungeklärt.

29. April: Idlib, Saraqib, Angreifer unbekannt
Umstände ungeklärt.

21. August: Damaskus, Ghuta, Angreifer unbekannt
Einsatz des Nervenkampfstoffes Sarin; professionell geplante, willkürliche Attacke auf Wohngegenden, die viele zivile Opfer forderte. Die Angreifer hatten vermutlich Zugriff zum Chemiewaffenarsenal des syrischen Militärs sowie Expertise und Ausstattung, um chemische Kampfstoffe zu manipulieren.

11. April: Hama, Kafr Zita, Angriff durch die Regierung

Augenzeugen berichten, dass Helikopter Fassbomben abwarfen und dass sie einen Chlor-ähnlichen Duft wahrnahmen; Opfer und medizinisches Personal beschreiben Symptome, die auf den Einsatz chemischer Kampfstoffe schließen lassen: Erbrechen, Haut- und Augenirritationen, Atemnot und weitere Beeinträchtigungen der Atemwege.

12. April: Hama und Idlib, Kafr Zita und Al-Tamanah, Zwei Angriffe durch die Regierung

Die Umstände entsprechen dem Angriff in Kafr Zita (11. April 2014).

16. April: Hama, Kafr Zita, Angriff durch die Regierung

Die Umstände entsprechen dem Angriff in Kafr Zita (11. April 2014).

18. April: Hama und Idlib, Kafr Zita und Al-Tamanah, Zwei Angriffe durch die Regierung

Die Umstände entsprechen dem Angriff in Kafr Zita (11. April 2014).

21. April: Idlib, Tal Minnis, Angriff durch die Regierung

Die Umstände entsprechen dem Angriff in Kafr Zita (11. April 2014).

2016

5. April: Aleppo, Scheich-Maksud-Viertel, Angreifer unbekannt
Verlässliche Informationen belegen Einsatz von Chlorgas; 4 Todesopfer, darunter 2 Zivilisten.

1. August: Idlib, Saraqeb, Angriff durch die Regierung
Helikopter werfen Chlor-Munition auf Wohngegenden ab; 28 Verletzte, darunter 10 Kinder und 5 Frauen.

6. September: Aleppo, Al-Sukkari-Viertel, Angriff durch die Regierung
Improvisierte Chlorbombe tötet 13-jähriges Mädchen und einen Mann, 80 Verletzte.

1. Oktober: Aleppo, M10-Krankenhaus, Angriff durch die Regierung
Von einer Reihe von Bomben getroffen, darunter eine bunkerbrechende Bombe, Streumunition und Chlorgas. Einige Personen werden wegen Symptomen einer Chlorgas-Inhalation behandelt.

8. Dezember: Aleppo, Al-Kalasa, Bustan-Al-Qasr- und Al-Firdous-Viertel, Drei Angriffe durch die Regierung
Helikopter werfen Chlorgasbomben ab; zahlreiche Verletzte.

9. Dezember: Aleppo, Al-Kalasa und Bustan-Al-Qasr-Viertel, Zwei Angriffe durch die Regierung
Zwei improvisierte Bomben mit Chlor-Sprengladung verletzen 35 Menschen.

10. Dezember: Aleppo, Al-Hayat-Krankenhaus, Angriff durch die Regierung

Abwurf von improvisierten Chemiewaffen; Patienten litten unter ähnlichen Symptomen wie beim Angriff in Bustan-Al-Qasr-Viertel (9. Dezember 2016).

▪ 2017

8. Januar: Bseema, Angriff durch die Regierung
Mindestens 6 verletzte Zivilisten durch Chlormunition.

30. Januar: Damascus, Marj Al-Sultan, Angriff durch die Regierung
Improvisierter Chlor-Sprengsatz explodierte nahe der Frontlinie; 11 verletzte Männer.

25. März: Hama, Al-Latamneh-Krankenhaus, Angriff durch die Regierung
Helikopter wirft eine improvisierte Chlor-Fassbombe ab, 3 zivile Opfer und mindestens 32 Verletzte.

29. März: Damaskus, Qabun, Angriff durch die Regierung
Drei Raketen abgefeuert, eine davon gibt weißen Rauch ab, der nach Chlor riecht; 35 Verletzte, darunter eine Frau und 2 Kinder.

30. März: Hama, Al-Latamneh, Angriff durch die Regierung
Zwei Bomben verletzen mindestens 85 Menschen, darunter 12 Landwirte.

4. April: Hama, Khan Shaykhun, Angriff durch die Regierung
Luftangriffe mit Sarin; Dutzende Tote und Hunderte Verletzte.

7. April: Aleppo, Al-Hayat-Krankenhaus, Angriff durch die Regierung

Zwei Männer werden mit Symptomen eingewiesen, die den Symptomen nach dem Angriff in Qabun ähneln (29. März 2017).

29. April: Idlib, Al-Tamanah, Angriff durch die Regierung

Die Umstände entsprechen dem Angriff in Kafr Zita (11. April 2014).

1. Juli: Damaskus, Ayn Tarma, Angriff durch die Regierung

Chlorgas wird gegen Falaq-al-Rahman-Kämpfer eingesetzt. Die Symptome sind entzündete Augen, Sauerstoffmangel und Nasenausfluss.

2. Juli: Damaskus, Zamalka, Angriff durch die Regierung

Die Umstände entsprechen dem Angriff in Ayn Tarma (1. Juli).

8. Juli: Damaskus, Jowbar, Angriff durch die Regierung

Die Umstände entsprechen dem Angriff in Ayn Tarma (1. Juli).

18. November: Damaskus, Harasta, Angriff durch die Regierung

Diverse Kampfmittel werden eingesetzt; 25 Kämpfer leiden unter einer Mischung aus Seheintrübung, Bewusstlosigkeit, verengten Pupillen, Kurzatmigkeit, Nasensekret, Erbrechen und Kopfschmerzen.

All diese Ermittlungen zum Thema Giftgas waren sehr ärgerlich und frustrierend. Es wurde auf verschiedene Weisen versucht, unsere Arbeit zu boykottieren. Noch während unsere Ermittlungen liefen, beauftragten die Vereinten Nationen die Organisation für das Verbot chemischer Waffen (OPCW), Untersuchungen zu den Giftgaseinsätzen in Syrien durchzuführen – ohne dies mit uns abzusprechen oder zu koordinieren. Ich halte das für ein Manöver der UNO, wahrscheinlich im Auftrag der US-Amerikaner oder der Russen. Warum ich von einem Manöver spreche? Weil bei diesen Untersuchungen durch die OPCW nichts herauskam und es keinerlei Konsequenzen gab. Dabei durften deren Ermittler im Gegensatz zu uns nach Syrien einreisen. Sie hatten einen besseren Zugang zu Zeugen und wahrscheinlich auch zu Dokumenten, da die syrische Regierung dadurch ihre Kooperationsbereitschaft demonstrieren konnte. Das habe ich in vielen Situationen erlebt: Wenn man nicht will, dass wir unsere Ziele erreichen, dann setzt man etwas dazwischen. In diesem Fall eben die Ermittlungen durch die OPCW. Dann läuft es am Ende auf dasselbe hinaus wie beim Ruanda-Tribunal, wo man mich als Chefanklägerin abgezogen hatte, sobald meine Ermittlungen nicht mehr mit der Politik konform waren. Das sind politische Manöver, die verhindern, dass eine Institution ihre Ziele erreicht. Ich sagte damals dem Präsidenten unserer Kommission, dass ich an seiner Stelle Beschwerde eingereicht hätte. Er gab zurück: »Wieso? Wir sind doch zuständig. Wir müssen weiter ermitteln.« Weiter geschah nichts, und wir blieben ruhig.

Auch bei den Ermittlungen selbst wurden wir behindert. Ich erinnere mich an ein Mosaiksteinchen, das möglicherweise das hässliche Bild der Giftgasangriffe hätte vervollständigen können. Unsere Ermittler waren 2013 in einer tür-

kischen Zeitung auf die Meldung gestoßen, dass die Türkei
Rebellen aus Syrien, die im Besitz von Sarin waren, verhaftet
hatte. Solche Informationsschnipsel sind immer hilfreich,
deshalb schenkte unser Team Meldungen dieser Art immer
große Aufmerksamkeit. Diesem kleinen Hinweis hätten wir
nachgehen können, um Beweise zu sichern. Ergo stellten wir
ein Rechtshilfeersuchen an die Türkei, um dieses Dossier zu
bekommen und die Unterlagen der Verhaftung einzusehen.
Über den türkischen Botschafter in Genf kam aber nichts
herum. Konsequenterweise reiste unsere Kommission also
nach Ankara, wo wir die türkischen Innen- und Außenminister trafen. Auch das führte zu nichts. Die türkische Seite
argumentierte, dass wir als nicht-gerichtliche Institution
keine Einsicht fordern dürften. Meine offiziellen Beschwerden wurden ignoriert. Ich weiß am Ende nicht mal, was
mit den verhafteten Rebellen passiert ist, ob sie überhaupt
vor Gericht gekommen sind. Die Türkei hat im Verlauf des
Kriegs die Seiten gewechselt. War sie zu Beginn noch auf der
Seite der Rebellen, änderte sie später ihren Standpunkt und
unterstützte fortan Assad. Das macht es schwer, über ihren
Verbleib zu spekulieren. Ob die OPCW später dieser Spur
nachgegangen ist, weiß ich ebenfalls nicht, denn wir hatten
keinen Kontakt. Ich schätze die Chancen als eher gering ein,
denn ihr fehlt als Institution die Durchsetzungskraft. Insgesamt hat der Seitenwechsel der Türkei unsere Arbeit stark
erschwert. Denn viele Mitglieder der syrischen Opposition
und der Rebellengruppen sind in die Türkei geflohen, wo
wir sie hätten befragen können. Aber da die Türkei später
nicht mehr kooperierte, war keine Kontaktaufnahme mehr
möglich.

Wie gesagt konnten wir 2017 den oben genannten Bericht
zum C-Waffen-Einsatz in Syrien herausbringen. Warum wir

diese Informationen, insbesondere über den Gebrauch durch die Rebellen, so lange zurückhalten mussten, davon habe ich keine Kenntnis. Ich nehme an, dass sich die USA eingemischt haben, denn es war für sie politisch nicht opportun. Wenn schon, dann hätten es die Regierungsstreitkräfte sein müssen, aber nicht die Rebellen. Das Problem bestand darin, dass man eine militärische Intervention gegen Assad angekündigt hatte, im Fall, dass er die »rote Linie« überschreitet. Und die rote Linie, das war der Einsatz von C-Waffen. Dazu kam es aber nie, denn Obama entschied sich letztlich dagegen. Dass Russland im Sicherheitsrat keinen Druck zu unseren Gunsten ausüben wollte, hatte sicherlich viele Gründe. Einer davon war höchstwahrscheinlich, dass die Russen bereits wussten, dass auch ihre Verbündeten, die syrische Regierung, C-Waffen eingesetzt hatte. So lag es nahe, dass sie weitere Untersuchungen verhindern, um diese Information unter Verschluss zu halten. Im Verlauf weiterer Ermittlungen, zum Beispiel des Strafgerichtshofs, hätte sich zweifellos herausgestellt, durch welche Hände das Giftgas gegangen war. Das zu erfahren, lag offensichtlich in niemandes Interesse.

Im Gegensatz zu meiner Arbeit als Chefanklägerin im Jugoslawien-Tribunal war es in der Syrien-Kommission ein Dauerthema, wer von wem mit welchen Waffen beliefert wurde. Damit ein Krieg zehn Jahre dauern kann, braucht es fleißige Helfer in der Militärlogistik. Selbstverständlich haben wir auch dazu ermittelt und die Struktur der Versorgungsketten zu Tage gefördert. Wieder war es der Kommissionspräsident, der nicht wollte, dass wir unsere Erkenntnisse veröffentlichen. Denn das wäre für einige der beteiligten Staaten eine zu große Schande gewesen. Und das, obwohl man ohnehin schon wusste, dass viele Waffenlieferungen für die Regierung den Weg durch die Türkei nehmen und auch

Russland Assad unterstützt. Die Rebellen hingegen wurden von den arabischen Staaten und den USA versorgt.

Für unsere Recherchen nahmen wir Kontakt zu den Geheimdiensten der verschiedenen Staaten auf. Aber deren Informationen reichen allein nicht, man muss sie verifizieren, beispielsweise durch Zeugenaussagen. Mitarbeiter von NGOs vor Ort hatten uns außerdem Fotos zugespielt, auf denen Streubomben zu sehen waren. Diese fallen unter das Übereinkommen zum Verbot von Streumunition, das am 1. August 2010 in Kraft getreten ist und den Einsatz, die Herstellung und die Weitergabe bestimmter Typen von konventioneller Streumunition unterbinden soll. Darunter versteht man Bomben, Granaten oder Gefechtsköpfe, die nicht als Ganzes explodieren, sondern in kleinere Sprengkörper zerfallen und dadurch ein größeres Gebiet abdecken. Dabei bleibt ein Teil als Blindgänger liegen, der beim Wiederaufbau oft Jahre später noch die Zivilbevölkerung gefährdet. Auf den Fotos sieht man nicht nur die Streubomben, sondern auch deren Herkunft, denn die Täter hatten sich nicht die Mühe gemacht, die Herkunftsangaben zu entfernen. Leider konnten wir auch das in der Kommission nicht Schwarz auf Weiß veröffentlichen. Ich glaube übrigens nicht, dass die Waffenindustrie hinter der Geheimhaltung steckt. Die haben das gar nicht nötig, denn Krieg gibt es sowieso überall auf der Welt, da muss die Waffenlobby gar keine zusätzliche Überzeugungsarbeit leisten. Es scheint mir momentan eine gute Investition, sich bei einer Waffenfabrik einzukaufen.

In der Kommission wird kein Druck ausgeübt, dass solche Informationen nicht veröffentlicht werden dürfen. Zumindest habe ich das nicht mitbekommen. Es war eher so, dass der Kommissionspräsident schon wusste, wie man sich zu »benehmen« hatte: »Don't touch anybody – dann bist du neutral.« Ich habe von Anfang an gespürt, dass er immer neutral bleiben wollte. Das merkt man auch unseren Berichten an. Ob er seinerseits politisch unter Druck gesetzt wurde? Dazu kann ich keine Aussage treffen, obwohl sein Verhalten die Möglichkeit nicht ausschließt. In meinen Augen war es eher so etwas wie ein vorauseilender Gehorsam. Ich bin außerdem zu dem Schluss gekommen, dass die Kommissare ihre Daseinsberechtigung nicht verlieren wollten. Hätten wir zu gut gearbeitet, wäre die Kommission überflüssig geworden. Dabei bekamen wir nicht einmal ein Gehalt, sondern lediglich unsere Spesen erstattet.

Besonders deutlich wurde mir das, als die UNO-Generalversammlung 2017 den Internationalen, Unparteiischen und Unabhängigen Mechanismus (IIIM) zur Unterstützung der Strafverfolgung von Völkerrechtsverbrechen in Syrien gründete. Bei dieser Institution handelt es sich de facto um eine offizielle Anklagebehörde. Plötzlich war die Angst vor dem Ende unserer Arbeit in der Kommission spürbar. Denn was, wenn der Mechanismus die Arbeit der Kommission ersetzt? Karrieregründe können hier keine Rolle gespielt haben, denn alle anderen Mitglieder waren älter als ich, eigentlich eine Pensionärin.

Jetzt gibt es zwei Institutionen, den Mechanismus und die Kommission, die nichts erreichen. Eine der großen Erkenntnisse meiner Laufbahn lautet: Wenn man will, dass eine Institution funktioniert, dann muss man sie mit den richtigen Leuten besetzen. Beim Mechanismus hat man beispielsweise einen Chefankläger eingesetzt, der keinerlei Erfahrung mit Ermittlungen hatte. Und dass man für einen Job ungeeignetes Personal einsetzt, das passiert bei der UNO sehr oft. Ich meine, auch der Mechanismus ist Teil der Scheinbemühungen rund um Syrien. Keiner weiß, was er schon erarbeitet hat. Mittlerweile sollten eigentlich bereits Anklageschriften vorliegen. Und selbst wenn es diese gibt, warum legt er sie dann nicht dem UN-Sicherheitsrat vor, zusammen mit einem Antrag, der zum Einschreiten auffordert? Es liegt auf der Hand, dass sich diese Anklageschriften gegen Personen auf der politischen Führungsebene in Syrien richten müssen. Das wäre ein mächtiges Druckmittel, das der UN-Sicherheitsrat nicht ignorieren könnte. Aber solange es sie nicht gibt, kann auch nichts geschehen. Die internationale Gemeinschaft musste etwas unternehmen, also gründete sie die Kommission und den Mechanismus, um ihr Gewissen zu beruhigen. Für die vielen Hunderttausend Opfer in Syrien haben sie nichts erreicht. Sie waren lediglich eine Verschwendung von Zeit und Geld.

Die genaue Gemengelage zum Thema Giftgas im UN-Sicherheitsrat ist rückwirkend schwer für mich einzuschätzen. Bestimmt gab es Staaten, die eine genauere Untersuchung oder ein strafrechtliches Eingreifen gefordert hätten, aber die Öffentlichkeit bekam davon nichts mit. Die permanenten Mitglieder im Sicherheitsrat China, Frankreich, Großbritannien, Russland und die USA treffen die Entscheidung. Und ihre Beweggründe sind politisch, mit Justiz haben sie nichts zu tun.

Die Kommission war eine Alibi-Veranstaltung

Es gab bei meiner Tätigkeit für die Syrien-Kommission von Anfang an Hinweise darauf, dass es sich bei ihr um eine reine Alibi-Veranstaltung handelte. Welchem Zweck dienten unsere Ermittlungen? Wir legten alle sechs Monate Berichte vor, auch dem UN-Sicherheitsrat. Und nichts ist passiert. Völkermord, Kriegsverbrechen, Verstoß gegen das C-Waffen-Abkommen – es gab zahlreiche Gründe, die eine strafrechtliche Untersuchung auf internationaler Ebene gerechtfertigt hätten. Aber es kam nie dazu. Lediglich die Tätigkeit der Kommission wurde verlängert. Weitere sechs Monate, wieder ein Bericht. Ab einem gewissen Punkt begannen sie auch, sich zu wiederholen. Wir sollten weiter ermitteln, aber der Sicherheitsrat in New York zog daraus keine Konsequenzen. Die Kommission beruhigte das Gewissen der internationalen Gemeinschaft: Man hält sich beschäftigt, um sich nicht dem Vorwurf der Tatenlosigkeit auszusetzen – ein Alibi.

Was in Syrien passiert, ist ein einziges Verbrechen. Das hatte ich versucht zu ändern, aber meine Bemühungen waren absolut chancenlos. Das musste ich schließlich einsehen. Wir bekamen keinerlei politische Unterstützung. Diese hätten wir aber dringend gebraucht, denn ohne den politischen Willen trabt die internationale Justiz auf der Stelle. Während meiner Zeit in der Kommission sprachen wir zwei Mal vor dem UN-Sicherheitsrat in New York vor. Dabei handelte es sich um ein Treffen im sogenannten Arria-Format, einem informellen Forum zur »Bereicherung der Erörterungen«, so die offizielle Erklärung. Zu diesem Zweck gibt es einen Sitzungssaal, in den die Mitgliedsstaaten jede Organisation einladen können. Treffen dieser Art sind geschlossen, das heißt, es dürfen ausschließlich Mitglieder des Sicherheitsrats teilnehmen. Die Unterlagen, also Dokumente und Reden, gelangen nicht an die Öffentlichkeit und werden auch nicht in den öffentlich zugänglichen Online-Archiven und -Bibliotheken der UN gespeichert.

Ich erinnere mich an das erste dieser Treffen. Obwohl ich wusste, dass die Veranstaltung im informellen Rahmen stattfinden sollte, hatte ich Hoffnungen in diese Gelegenheit gesetzt. Ich kannte einige Vertreter des Sicherheitsrats noch aus der Zeit des Jugoslawien-Tribunals persönlich und glaubte deswegen, etwas bewegen zu können. Man führte uns nicht in den prunkvollen Sitzungssaal des Sicherheitsrats, sondern in einen kleinen Nebensaal. Die anwesenden Vertreter der Staaten stammten nicht aus der ersten Riege, nicht einmal der zweiten, sondern eher der dritten oder vierten. Es waren überwiegend junge Leute, die wenig redeten und keine Fragen hatten, sondern sich maßgeblich Notizen machten. Ich hielt eine gesalzene Rede, in der ich in aller Deutlichkeit und ohne Kompromisse die Situation in Syrien schilderte. Wir präsentierten sogar unsere Liste von 93 Namen, die wir ermittelt hatten. 81 dieser mutmaßlichen Täter gehörten der syrischen Regierung an. Aber erneut blieben unsere Anstrengungen wirkungslos. Meine Rede ist übrigens archiviert, aber nicht für die Veröffentlichung bestimmt.

Dass für diese Sitzung das Arria-Format gewählt wurde, zeigt zweierlei: erstens, dass der Inhalt des Gesprächs der Öffentlichkeit verborgen bleiben sollte, und zweitens, dass der Krieg in Syrien und die Verbrechen, die unsere Kommission zutage gefördert hatte, nicht ernst genommen wurden. In Syrien geschehen jeden Tag Kriegsverbrechen und Verbrechen gegen die Menschlichkeit. Und dennoch hat man es nicht für nötig befunden, uns den gebührenden Rahmen zu geben, uns Gehör zu schenken und – und darum geht es letzten Endes – endlich Konsequenzen folgen zu lassen.

2017 hatte ich die Nase voll davon, gegen Wände zu rennen, und verließ die Kommission. Ich war schon vorher mehrmals aufgebracht und frustriert gewesen, hatte öfters angedeutet, dass ich resignieren würde. Es gab am Ende keinen Schlüsselmoment, der meinen Abschied ausgelöst hätte. Meine Erfahrung aus den Tribunalen in Jugoslawien und Ruanda passte nicht zu der Arbeitsweise der Kommission. Damals hatten wir Täter identifiziert, ihre Verbrechen bewiesen, sie verhaftet und vor Gericht gestellt. Hier aber ermittelten und ermittelten wir, erstellt Listen über Kriegsverbrecher – und erreichen nichts. Ich hatte 2017 vorgeschlagen, dass die gesamte Kommission gemeinsam demissioniert, also ihren Abschied einreicht. Das wäre ein starkes Symbol gewesen. Schließlich hatten wir ohnehin nichts erreicht, außer Spesen zu verursachen. Das ist die traurige Bilanz. Aber das scheiterte an meinen Kollegen, die mir erneut bewiesen, wie sehr sie an ihren Posten klebten.

Kurz vor Ende meines Mandats teilte ich dem Kommissionspräsidenten mit, dass ich nur noch bis September 2017 bleiben und dann zurücktreten werde. Meinen Abschied wollte ich pompös inszenieren: Ich nahm beim Filmfestival von Locarno als Gast an einer Debatte für Menschenrechte teil. Diese Bühne nutzte ich dann, um meinen Abschied zu verkünden. Ich hatte mir gedacht, dass das sehr öffentlichkeitswirksam sein könnte und vielleicht etwas bewirke. Zur Hälfte sollte ich Recht behalten, denn die Presse hat in der ganzen Welt davon berichtet, aber bewirkt hat es nichts – außer vielleicht einige böse Blicke meiner Kollegen. Sie waren höchstwahrscheinlich froh, dass ich gegangen bin, aber nicht über die Art und Weise und nicht über das nachfolgende Medienecho. Sie haben danach nicht mehr mit mir gesprochen. Im September 2017 war ich ein letztes Mal bei der Kommissionssitzung in Genf. Der Kommissionspräsident weigerte sich, mir die Hand zu geben und mich zu grüßen.

Rückblickend fühle ich mich in meiner Haltung bestätigt. Anlässlich ihres zehnjährigen Bestehens hat die Kommission einen zusammenfassenden Bericht herausgegeben. Dabei handelte es sich um nichts mehr als eine Auflistung, eine

Dokumentation der Straftaten, unter denen die Menschen in Syrien zu leiden haben. Die Kommission resümiert: Es gab neun Briefings vor dem UN-Sicherheitsrat im Arria-Format, zwei Briefings vor der UN-Generalversammlung – einmal war ich dabei –, 27 Briefings des UN-Menschenrechtsrats und Dutzende öffentlich publizierte Dokumente. Kurzum: Eine gewaltige Menge an verschwendeten Atemzügen, Zeilen und Schritten. Der Sicherheitsrat handelt nicht, und dem Internationalen Strafgerichtshof sind, was Syrien angeht, die Hände gebunden.

Mein Rücktritt aus der Kommission hatte nichts mit Resignation zu tun. Mein ganzes Leben lang tat ich alles in meiner Macht Stehende, um den Opfern Gerechtigkeit zu verschaffen. Jetzt will ich nicht mehr. Was haben wir erreicht? Die Tribunale in Jugoslawien und Ruanda waren Erfolge, blieben aber letztlich weit hinter dem zurück, was möglich gewesen wäre. Insgesamt kamen wir in der Erreichung unseres Ziels, die Welt zu einem gerechteren Ort zu machen, nur einen kleinen Schritt vorwärts. Und die Situation ist zurzeit sehr, sehr schlecht. Darum sage ich, dass ich gegeben habe, was ich geben konnte. Ich bin keine Heldin. Ich bin ein Mensch.

Wie die UNO in Syrien scheiterte

Mit meinem Abschied aus einer internationalen Organisation, die sich mit den Verbrechen in Syrien beschäftigte, war ich nicht allein. 2018 trat Staffan de Mistura als UNO-Sonderbeauftragter für Syrien zurück. Seine Aufgabe war es seit 2014 gewesen, Vertreter des syrischen Regimes und der Rebellen an einen Tisch zu bekommen und einen Ausgleich zwischen ihnen zu verhandeln. Seine Bilanz: schwach. Aber, wie ich mittlerweile gelernt habe, kann man ihm das nicht anlasten. Denn weder die syrischen Kriegsparteien noch ihre internationalen Schutzmächte zeigten Bereitschaft für Kompromisse. Schon im Jahr 2012 war Kofi Annan, den ich ja noch als Generalsekretär der UNO kennengelernt hatte, als UN-Sonderbeauftragter für Syrien zurückgetreten, nach nur sechs Monaten. Annan beschuldigte den Sicherheitsrat damals ganz eindeutig, ihm nicht die notwendige politische Unterstützung zukommen zu lassen: »Ohne ernsten, entschlossenen und vereinten internationalen Druck, auch von den Mächten der Region, ist es mir wie auch jedem anderen unmöglich, an erster Stelle die syrische Regierung – und auch die Opposition – zu zwingen, mit den nötigen Schritten für einen politischen Prozess zu beginnen«, verkündete er damals und entschuldigte sich beim syrischen Volk.[23] Ihm folgte der Algerier Lakhdar Brahimi, der 2014 das Handtuch warf.

Nach Mistura übernahm 2018 der Norweger Geir Pedersen die undankbare Aufgabe. Der UN-Generalsekretär ernennt die Sonderbeauftragten als Experten. Sie sollen in Konfliktfällen den Generalsekretär und die moralische Autorität der UNO vertreten. Sonderbeauftragte führen Staatsbesuche durch und verhandeln im Auftrag der Vereinten Nationen. Ihre Einsatzgebiete sind entweder regional definiert, etwa für Syrien oder Myanmar, oder thematisch, zum Beispiel für das Recht auf Wohnen oder für Städte und Klimawandel.

Von Beginn an war die UNO in Syrien handlungsunfähig. Solange er von Russland und China blockiert wird, kann der Sicherheitsrat keine Resolutionen verabschieden, um Fälle wie Syrien an den Internationalen Strafgerichtshof zu übergeben. Meistens hört man dabei das Argument: »Sie haben ja recht, aber es ist jetzt nicht der richtige Zeitpunkt.«

Aber wann ist der richtige Zeitpunkt? Bis heute ist er nicht gekommen.

Am Sicherheitsrat vorbei funktioniert in der internationalen Justiz leider gar nichts. Zumindest nicht, wenn Länder betroffen sind, die wie Syrien außerhalb der Reichweite des Rom-Statuts liegen. Der Sicherheitsrat kann intervenieren, indem er beispielsweise eine außerordentliche Sitzung einberuft, die Situation berät und Handlungsschritte in Betracht zieht. Dabei geht es in erster Linie um humanitäre Hilfe. Und er hat die Macht, den Fall an den Internationalen Gerichtshof weiterzuleiten. Das aber setzt voraus, dass die internationale Gemeinschaft, und vor allem die fünf permanenten Mitglieder im Sicherheitsrat, sich einig sind. Denn über jeder Entscheidung schwebt das Damoklesschwert des Vetorechts.

Trumps Credo »America first« und der damit verbundene Rückzug aus der globalen Gemeinschaft haben dazu beigetragen, dass in Syrien nichts passiert ist. Hätten die USA als eines der fünf permanenten Mitglieder im Sicherheitsrat und als das mächtigste und finanzstärkste Land der Welt mehr Druck ausgeübt, hätte man etwas erreichen können. Zumindest über den Weg, zunächst die Verbrechen von ISIS vor das internationale Strafgericht zu bringen. Stattdessen zogen sie es aber vor, ebenso wie alle anderen Schutzmächte, ihre eigenen Interessen zu bedienen. Sie haben die Rebellen mit Waffen beliefert und bei ihren Luftangriffen Zivilisten getötet – ein Kriegsverbrechen. Daher fehlt ihnen jegliches Interesse an einer strafrechtlichen Aufarbeitung dieses Kriegs und seiner Gräueltaten.

Zur Erinnerung: Die Hauptaufgabe der UNO ist es, Frieden und Stabilität auf der ganzen Welt zu schaffen und zu erhalten. Dem untergeordnet steht die humanitäre Hilfe. Aber was ihre Hauptaufgabe, den ursprünglichen Grund für ihr

Bestehen, angeht, ist die UNO machtlos geworden, wie man anhand von Syrien deutlich sieht. Ihre Handlungsunfähigkeit ist die direkte Konsequenz eines Unwillens im Sicherheitsrat, wichtige Entscheidungen zu treffen. Somit bleibt lediglich die humanitäre Hilfe, die von den Beiträgen der Mitgliedsstaaten finanziert wird. Doch die Zahlungen werden immer geringer. Folglich gibt es auch im Bereich der humanitären Hilfe große Schwierigkeiten.

Mit einem ähnlichen Schicksal hatte unsere Kommission zu kämpfen, deren Ressourcen viel zu knapp bemessen waren. Die Abteilung für Menschenrechte, unter deren Finanzplan wir operierten, zeigte zwar durchaus Interesse an unserer Arbeit, aber auch sie musste sich im Rahmen ihres Budgets bewegen. Unsere Reisen wurden gut bezahlt, aber wir hatten zu wenig Personal. Dazu sei erwähnt, dass die UNO allein in New York 4000 bis 5000 Bedienstete unterhält, viele von ihnen drastisch unterbeschäftigt. Eine Neustrukturierung des Personalwesens wäre sicher zum Vorteil der ganzen Organisation. Vor allem durch die Digitalisierung ist es gar nicht mehr notwendig, so viele Angestellte zu haben.

Außer humanitäre Hilfe zu leisten und unsere Kommission zu gründen hat die UNO praktisch nichts für Syrien getan. In beiden Bereichen fehlt Geld, aber Nahrungsmittel und Medizin lindern selbst in geringen Mengen das Leid der Bevölkerung in Krisengebieten. Die Kommission hat hingegen nichts erreicht, außer vergeblich Berichte zu verfassen, Empfehlungen auszusprechen und an die internationale Gerichtsbarkeit zu appellieren. Jetzt ermitteln noch immer der Mechanismus und die OPCW. Niemand hat etwas erreicht. Das Blutvergießen geht weiter.

»America first«:
Über die Relativität von Werten und Normen

Seit ich 1999 als Chefanklägerin bei den beiden Tribunalen in Jugoslawien und Ruanda angetreten bin, hat sich die Lage der internationalen Justiz zusehends verschlechtert. Es war meinen Mitarbeitern und mir immer bewusst, dass sie vom politischen Willen einzelner Länder abhängt. Anders wäre es auch gar nicht möglich. Denn im Gegensatz zu ihrem nationalen Pendant ist die Justiz auf der internationalen Ebene nicht unabhängig institutionalisiert. Dort gibt es keine verbindliche Gesetzgebung, sondern zahlreiche Verträge und Abkommen, die manche Staaten ratifizieren und andere nicht. Dazu kommen die internationalen Organisationen, die ihr Budget von den Mitgliedsstaaten beziehen und dadurch von ihnen abhängig sind. Auch der Internationale Strafgerichtshof fällt unter diese Rubrik. Ermittler und Polizeibeamte gibt es staatenübergreifend gar keine.

Ich habe in den letzten Jahrzehnten selbst erlebt, dass der richtige politische Wille der internationalen Justiz Rückenwind geben und der falsche sie komplett entkräften kann. Meiner Erfahrung nach manifestierte sich diese Einsicht vor allem in Gestalt der USA. Die Menschenrechte haben dort gewissermaßen Tradition, immerhin war es die amerikanische Unabhängigkeitserklärung vom 4. Juli 1776, in der sie erstmals verfassungsrechtlich festgeschrieben wurden:

Wir halten folgende Wahrheiten für selbstverständlich: dass alle Menschen gleich geschaffen sind; dass sie von ihrem Schöpfer mit gewissen unveräußerlichen Rechten ausgestattet sind; dass dazu Leben, Freiheit und das Streben nach Glück gehören.

Dass die Nation, die auf Basis dieser Erklärung gegründet wurde, noch lange die Sklaverei erdulden und furchtbare Verbrechen gegen die Ureinwohner begehen sollte, zeigt eine Ambivalenz in der amerikanischen Selbstwahrnehmung, die wir auch heute noch beobachten können. Dennoch war die verfassungsrechtliche Gewährleistung der Menschenrechte von großer Bedeutung. Sie spannt einen Bogen bis in die 1990er-Jahre, als die USA mit großem Eifer die internationale Justiz vorantrieben. Ohne sie hätte es die Tribunale von Jugoslawien und Ruanda nie gegeben. Die USA waren damals in der Lage, die anderen Mitgliedsstaaten zu überzeugen, und trugen ferner einen Großteil der Finanzierung bei. Ihr Eintreten für Völkerrecht und Menschenrechte – welches Eigeninteresse auch immer dahinterstand – hat der internationalen Gemeinschaft und Justiz einen großen Dienst erwiesen und dafür gesorgt, dass viele Opfer von Kriegsverbrechen und Verbrechen gegen die Menschlichkeit Gerechtigkeit erfahren konnten.

Leider kann ich seit 1999 beobachten, dass die USA sich zusehends aus dieser Rolle zurückgezogen und ihren eigenen Nutzen vorangestellt haben. Das wurde im Jugoslawien-Tribunal ganz deutlich, als ich nicht wegen Kriegsverbrechen gegen die NATO ermitteln durfte. Sie führte mehrere Attacken aus, bei denen Indizien für Straftatbestände in unserer Zuständigkeit vorlagen. Die furchtbaren Begebnisse auf der Straße zwischen Madanaj und Prizren, die vielen Toten und

Verletzten stechen dabei besonders hervor. Ich eröffnete Ermittlungen, nicht nur weil ich wollte, sondern auch, weil es meine Pflicht war. Und von diesem Moment an haben sich die US-Amerikaner aus der internationalen Justiz zurückgezogen. Ich wurde sogar zur Persona non grata im Pentagon erklärt. Gegen die NATO waren keine Ermittlungen mehr möglich.

Noch klarer trat diese einsetzende Tendenz in Ruanda hervor: Die Politik der USA, die sich auf die Seite der Tutsi-Regierung unter Kagame gestellt hatten, verhinderte, dass ich gegen die Tutsi ermitteln konnte. Für das weitere Zusammenleben in Ruanda nach dem Völkermord wäre es wichtig gewesen, nicht nur die Kriegsverbrechen einer Seite zu verhandeln – auch die Opfer der Hutu verdienen Gerechtigkeit. Diese Haltung der USA behinderte meine Arbeit, und ich kam nicht weiter. Es war nicht mehr möglich, hier zu einem Gerichtsverfahren zu kommen, obwohl wir Beweise hatten. Am Ende hat man mich einfach als Chefanklägerin vom Ruanda-Tribunal abgezogen und das »Problem« dadurch erledigt. Bis heute sind die 13 Massaker durch Tutsi, für die wir Hinweise hatten, nicht zur Verhandlung gekommen und werden es auch nie.

In der Syrien-Kommission musste ich miterleben, wie ein internationales Gerichtsverfahren bereits im Keim erstickt wurde, bevor es jemals beginnen konnte. Nicht nur durch die Vetos Russlands und Chinas, sondern auch durch die passive Haltung der USA. Es waren die europäischen Länder, die hier etwas vorantreiben wollten und schließlich vor dem Sicherheitsrat scheiterten. Ein engagierter Einsatz der USA hätte es zumindest ermöglicht, die Verbrechen von ISIS vor das Internationale Strafgericht zu bringen – und vielleicht sogar, die Ermittlungen davon ausgehend sukzessive auf die anderen

Kriegsparteien auszuweiten. Dem hätte Russland zustimmen können, ohne seinem Verbündeten Assad zu schaden. Und wer weiß, vielleicht hätte man diese Ermittlungen dann erweitern können auf die Verbrechen der anderen Parteien im Syrienkrieg? Ich war nach unseren Berichten über die Verbrechen von ISIS fest davon überzeugt, dass der UN-Sicherheitsrat handeln wird, ja handeln muss. Dass man diese Grausamkeiten nicht hinnehmen kann, nicht zuletzt den Genozid an den Jesiden. Ich wurde eines Besseren belehrt.

2002 zog sich Präsident George W. Bush vom Rom-Statut, das den Internationalen Strafgerichtshof in Den Haag begründete, zurück. Sein Vorgänger Bill Clinton hatte es am Ende seiner Amtszeit noch unterschrieben. Ratifiziert wurde es nie. Bush äußerte die Befürchtung, dass US-amerikanische Staatsbürger aus politischen Gründen kein faires Verfahren vor dem Internationalen Strafgerichtshof bekommen würden. Die USA wollen also nicht sehen, dass sich Amerikaner vor einem internationalen Gericht verantworten müssen. Die häufig angeführte Begründung ist, dass sie Kriegsverbrechen US-amerikanischer Staatsbürger selbst ahnden würden. Aber auch falls das geschieht, ist es nicht dasselbe. Völkerrecht und Menschenrechte sollten für alle gelten. Und die Institution, die sie durchsetzt, ist der Internationale Strafgerichtshof in Den Haag, keine nationale Institution. Diese Verbindlichkeit sollte ebenfalls für alle gelten, insbesondere für ein Land, dass so oft in der Geschichte eine selbst gewählte Vorreiterrolle für Demokratie und Menschenrechte eingenommen hat. Wer sich der internationalen Justiz selbst nicht stellt, kann das weder von anderen verlangen noch ihnen gegenüber legitim durchsetzen. Es kann doch nicht sein, dass sich die Geburtshelfer der internationalen Justiz zurückziehen, sobald sie merken, dass auch sie sich ihr beugen müssen.

Folglich sind die USA kein Mitglied im Internationalen Strafgerichtshof. Damit fehlt ihm der Einfluss eines der wichtigsten und reichsten Länder der Welt. In den letzten Jahren war es unter der Trump-Administration sogar so, dass die USA den Gerichtshof aktiv behinderten. So boykottierten sie 2018 die informelle Sitzung des UN-Sicherheitsrats anlässlich des 20. Geburtstags des Rom-Statuts. Es bestand selbstverständlich keine Pflicht, an diesem Treffen teilzunehmen, aber es hätte sich gehört, vor allem für ein permanentes Mitglied des Sicherheitsrats. So waren sowohl Delegationen aus China als auch aus Russland anwesend, obwohl sie ebenfalls nicht Teil des Rom-Statuts sind.[1]

Zudem verhängten sie 2020 Strafmaßnahmen gegen die Chefanklägerin Fatou Bensouda und froren ihren Besitz in den USA ein. Bereits zuvor hatte man ihr Einreisevisum für ungültig erklärt. Hintergrund für diese Maßnahmen ist, dass Bensouda seit einigen Jahren Vorermittlungen gegen US-Soldaten in Afghanistan anstrebt. Es gibt genug Hinweise, dass dort Kriegsverbrechen verübt wurden. Die Anschuldigungen reichen bis hin zu Massengräbern voller Taliban, die nicht im Kampf gefallen waren. Diese Informationen bekommt man beispielsweise von NGOs in Afghanistan. Aber solchen Hinweisen muss man natürlich nachgehen können. 2019 wurden die Ermittlungen durch den Internationalen Strafgerichtshof zunächst von ihm selbst verweigert, obwohl Afghanistan dort Mitglied ist. Die Begründung war, dass die politische Unterstützung fehle, die staatlichen Stellen nicht kooperierten und die Finanzierung nicht gesichert sei. 2020 wurde diese Entscheidung gekippt. Ein Etappensieg. Aber ob die Opfer in Afghanistan Gerechtigkeit erfahren werden, ist leider trotzdem mehr als zweifelhaft. Die Ermittlungen sollen die Kriegsverbrechen aller beteiligten Parteien untersuchen, also auch die der US-Soldaten, der CIA und der afghanischen Armee, nicht nur die der Taliban. Die afghanische Regierung will nicht kooperieren. Und die USA fahren große Geschütze auf.

Im Juni 2020 hatte Präsident Trump ein Dekret erlassen, das es seitdem ermöglicht, Vertreter des Internationalen Strafgerichtshofs mit Wirtschaftssanktionen zu belegen, wie bei Fatou Bensouda geschehen.[2] Davon betroffen ist auch dessen Leiter der Abteilung für Gerichtsbarkeit, Phakiso Mochochoko. Außerdem droht man allen, die das Gericht materiell unterstützen, also potenziell sämtlichen Mitgliedern des Rom-Statuts, mit Repressalien.[3] Amnesty International geht davon aus, dass konkret Länder wie Polen oder Litauen von Sanktionen betroffen sein könnten, da die CIA in der Vergangenheit dort Foltergefängnisse unterhalten hatte.[4] »Wir können nicht und werden nicht zusehen, wenn unsere Leute durch ein ›Känguru-Gericht‹ bedroht werden«, schmähte Mike Pompeo, der damalige US-Außenminister, den Gerichtshof im Jahr 2020 im Zusammenhang mit diesen Ermittlungen.[5] Der Diskurs der Herrschenden in den USA unter Trump bezeichnete ihn generell als illegitimes und korruptes Möchtegern-Gericht. Ich schließe aus all diesen Taten und der damit verbundenen Rhetorik, dass die USA den Internationalen Strafgerichtshof zerstören möchten.

Meine Hoffnung ist, dass sich das mit Joe Biden als neuem Präsidenten ändert. Zwar glaube ich nicht, dass die USA das Rom-Statut noch ratifizieren werden, aber bisher kam der Internationale Strafgerichtshof ohne sie zurecht, wenn auch mit Schwierigkeiten. Eine große Verbesserung bestünde bereits darin, dass die USA seine Arbeit nicht weiter behindern. Darüber hinaus wäre denkbar, wenn man in Fällen, in denen keine US-Staatsbürger betroffen sind, mit dem Gerichtshof kooperieren würde. Schon das wäre eine gute Unterstützung und für die USA problemlos umsetzbar. Nicht zuletzt stehen sie vielen anderen Staaten zum Vorbild – im Guten wie im Schlechten. Entsprechend hängt die internationale Anerkennung des Gerichtshofs auch stark von den USA ab. Trumps »America-first«-Politik hat sich in dieser Hinsicht sehr negativ ausgewirkt.

Es sind jedoch nicht nur die Amerikaner, die ihre nationalen Interessen voranstellen. Auch die anderen Staaten handeln eigennützig. Daraus ergibt sich die große Bedeutung der UNO: Sie ist die einzige Institution, die global denkt und handelt, nicht beschränkt auf die Grenzen eines Staats. Aber leider traf »America-first« auch die UNO, und zwar nicht erst seit Donald Trump. Die »Mitgliedsbeiträge«, aus denen sie sich finanziert, richten sich nach der Wirtschaftskraft der jeweiligen Staaten. Ein reiches Land zahlt viel, ein ärmeres wenig. Verhältnismäßig groß ist auch der entsprechende Einfluss innerhalb der Organisation.

Wer bezahlt, befiehlt: die Finanzierung der UNO

Das Budget der Vereinten Nationen setzt sich aus Pflichtbeträgen und freiwilligen Zahlungen zusammen. Erstere legt die Generalversammlung nach einem Verteilungsschlüssel fest, der in Artikel 17 der Charta aufgeführt ist. Dieser wiederum hängt vom Bruttonationaleinkommen und der Zahlungsfähigkeit der Länder ab. Es gibt eine Obergrenze von 22 Prozent, die verhindern soll, dass ein Einzelstaat die UNO dominiert, und eine Untergrenze von 0,001 Prozent, die ärmere Länder vor einer zu hohen Belastung schützt. Die freiwilligen Beiträge gehen an UN-Programme, Fonds und

Sonderorganisationen. Die Finanzierung der UN-Friedens-operationen berechnet sich nach einem gesonderten Schlüssel.[6]

Den Höchstsatz von 22 Prozent am regulären Budget bezahlen lediglich die USA. Es folgen China mit 12 Prozent, Japan mit 8,5 Prozent und Deutschland mit 6 Prozent. Diese vier größten Beitragszahler stemmen zusammen knapp 49 Prozent des gesamten UN-Haushalts. Wenn wir also das alte Sprichwort »Wer bezahlt, befiehlt« berücksichtigen, zeigen diese Zahlen deutlich, wie mächtig die Rolle der USA in der internationalen Gemeinschaft ist. Denn immerhin zahlen sie noch fast doppelt so viel, wie die Nummer zwei, China. Dazu kommen noch die freiwilligen Beiträge, mit denen weitere Programme finanziert werden können. Kurz: Sie sind ein mächtiges, reiches Land, das viel finanziert und dadurch in der Welt großen Einfluss ausübte und noch ausübt. Und der hat sich für die Vereinten Nationen und für die internationale Justiz, die ja damals noch ein Ableger der UNO war, in den 1990er-Jahren zunächst als Rückenwind erwiesen, später dann als Hemmschuh.

Trumps »America-first«-Politik führte auch unter diesem Gesichtspunkt zu globalen Veränderungen. »Make America great again« hieß bei Trump vor allem, den Blick innerhalb der nationalen Grenzen zu lassen und ganz bewusst die alte Rolle auf dem internationalen Parket, aufzugeben. Die Unterstützung weltweit agierender Organisationen trat hinter die Aushandlung von bilateralen »Deals« zurück. Was die Finanzierung der Vereinten Nationen angeht, haben sich die USA in der Konsequenz zurückgezogen. Trump empfand den Anteil, den die USA am UN-Budget zahlen, als unfaire Belastung. Diskussion über die Verhältnismäßigkeit der Finanzierung gab es in den letzten Jahrzehnten immer wieder, auch schon vor Trump. Ende der 1990er-Jahre hatten die USA versucht, eine Reform der UN durchzusetzen, indem sie Beiträge in Millionenhöhe zurückhielten. Das traf uns damals während des Jugoslawien-Tribunals hart – drei Monate lang floss kein Geld. Dann lief jedoch wieder alles ordnungsgemäß. Erst 2001 fand man einen Kompromiss, an dem übrigens Joe Biden als Senator mitgearbeitet hatte. In der Folge senkte man den Anteil der USA am UNO-Budget von 25 auf 22 Prozent.[7] Nur um einen Eindruck der Größenordnung zu vermitteln: Im Jahr 2018 zahlten die USA zehn Milliarden US-Dollar an die UNO. Ein Drittel deckte die Pflichtbeiträge, zwei Drittel waren freiwillige Zahlungen. Etwa die gleiche Summe geben die USA jährlich für ihre Küstenwache aus.[8]

Präsident Trump stellte all diese Beiträge immer wieder infrage. 2017 setzte seine Administration alle Zahlungen an den Bevölkerungsfonds der UN aus, die WHO und UNAIDS mussten bereits 2018 bedeutende Einschnitte von 20 und 30 Prozent hinnehmen. Zwei Jahre später haben sich die USA vollständig aus der WHO zurückgezogen. Das kostete diese 900 Millionen US-Dollar für die nächsten zwei Jahre.[9] Seit 2017 diskutierte Trump auch immer wieder die Leistungen für die Friedensmissionen der UN. Er drängte auf Budgetkürzungen und gleichzeitig auf schnellere Umsetzung der Mandate. Wie das gehen soll, ließ er offen. Zunächst wollte er die Beiträge der USA für das Peacekeeping um 40 Prozent senken. Das wäre sogar eine Bedrohung für die Zahlungsfähigkeit der UNO gewesen. Da der Anteil der USA für die Friedensmissionen aber ebenfalls von einem Verteilungsschlüssel abhängt, konnte die Trump-Administration die Beitragszahlungen nicht eigenmächtig ändern. Das funktioniert lediglich über eine Senkung des Gesamtbudgets und folglich des prozentualen Anteils der USA. Die Mitgliedsstaaten verhandelten und senkten das Budget um 600 Millionen US-Dollar auf 7,3 Milliarden US-Dollar. Das ist die Summe aller Einzelbudgets der Peacekeeping-Missionen. Sie wurde dann 2019 und 2020 nochmals weiter gesenkt.

Außerdem sind die USA ein säumiger Zahler, allein für die Friedensmissionen waren sie 2019 mit 1,09 Milliarden US-Dollar im Verzug. Sie strebten also nicht nur eine Verringerung des Gesamtbudgets und ihrer Zahlungen an, sondern hielten die bereits heruntergehandelten Beiträge auch noch zurück.[10] Das gilt übrigens nicht nur für die Finanzierung des Peacekeeping: Schon 2019 schuldeten die USA der UN 380 Millionen US-Dollar für frühere Budgets und 670 Millionen US-Dollar für das laufende, insgesamt also mehr als eine Milliarde. Anfang 2020 verkündete António Guterres, der Generalsekretär der UNO, dass die UN vor einer Liquiditätskrise stünde, da zu viele Mitglieder ihren Zahlungsverpflichtungen nicht oder zu spät nachkämen. Der Gesamtrückstand belief sich auf insgesamt 2,27 Milliarden US-Dollar. Allein auf die USA entfielen davon knapp ein Viertel.[11] Wir können nur hoffen, dass sich das Verhältnis der USA zur UNO unter Präsident Biden ändert und sie ihre finanzielle Unterstützung wieder stärken. Denn wenn das Budget stimmt, kann man auch wieder bessere Entschlüsse fassen. Zwänge durch zu knappe Mittel könnten gelockert werden und die UNO würde an Handlungsfähigkeit gewinnen. Das habe ich selbst erlebt: Wenn plötzlich das Budget wegfällt, ist es nicht möglich, ordentlich weiterzuarbeiten.

Es sieht bisher schlecht aus für die alte Dame UNO. Ohne Reformen wird sie große Schwierigkeiten haben, weiter zu bestehen. Und auch für den Internationalen Strafgerichtshof sind die Zeiten alles andere als rosig.

In der Grauzone: Das internationale Recht ist nicht unabhängig

Ich sagte eingangs, das internationale Recht liege in einer Grauzone zwischen Recht und Politik, zwischen nationaler Souveränität und internationaler Verantwortung. Ich denke, die vorangegangenen Kapitel haben meinen Punkt illustriert.

Auf der einen Seite stehen die Rechtsgrundlagen: Völkerrecht und Menschrechte, die festgeschrieben sind in Institutionen wie der UNO, dem Europarat oder dem Internationalen Strafgerichtshof in Den Haag und in Verträgen oder Abkommen, die einzelne Staaten unterzeichnen und ratifizieren, wie die UN-Charta oder das Rom-Statut, die Genfer Konventionen oder das Chemiewaffenabkommen. Auf der anderen Seite stehen Staaten, die bei der Verfolgung ihrer eigenen Interessen über Völkerrecht und Menschenrechte hinwegsehen.

Das Problem ist, dass es keine unabhängige internationale Behörde gibt, die das Recht gegenüber den Einzelstaaten durchsetzt. Denn was passiert, wenn ein Land gegen ein Abkommen wie die Genfer Konventionen verstößt? In diesem Fall würde die UNO davon Kenntnis nehmen und eine Kommission gründen, um die Situation zu untersuchen – so wie die Syrien-Kommission, für die ich gearbeitet habe. Dann gelangen Berichte an die Öffentlichkeit, und es gibt, wenn das Medieninteresse da ist, öffentlichen Druck. Diese liegen

auch dem UN-Sicherheitsrat vor, der über das weitere Vorgehen entscheidet. Wenn sich die fünf permanenten Mitglieder
China, Frankreich, Großbritannien, Russland und die USA
einig sind, erfolgt eine Resolution, die daraufhin umgesetzt
wird – so geschehen in Jugoslawien und Ruanda. Ist sich
der Sicherheitsrat aber nicht einig, macht nur eines der
permanenten Mitglieder Gebrauch von seinem Vetorecht,
passiert nichts – so geschehen in Syrien. Insofern ist die internationale Justiz abhängig von der Politik. Außerdem kann
es selbst im Fall einer Resolution noch sein, dass einzelne
Länder die Ermittlungen behindern und ihre Kooperation
verweigern, je nachdem, wie ihre partikularen Interessen
betroffen sind.

Aber was ist mit dem Internationalen Strafgerichtshof?
Greift er nicht ein, wenn die Menschenrechte und das Völ-
kerrecht missachtet werden? Das ist natürlich die eigentliche
Idee hinter dieser Institution – dass es auf internationaler
Ebene ein ständiges, unabhängiges Gericht gibt, das den
Opfern von Kriegsverbrechen und Verbrechen gegen die
Menschlichkeit zu Gerechtigkeit verhilft. Der Gerichtshof ist
aber letztlich nicht so unabhängig, wie man vermuten könnte.
Zum einen ist seine Reichweite auf die Staaten begrenzt,
die das Rom-Statut unterzeichnet und ratifiziert haben. Nur
dann ist er auch für Kriegsverbrechen, Verbrechen gegen die
Menschlichkeit, Genozide und Aggression in diesem Land
zuständig oder für seine Staatsangehörigen, die diese Verbrechen in anderen Ländern begehen. Ein Beispiel hierfür wäre
Afghanistan. Da es per Ratifizierung des Rom-Statuts zum
Internationalen Strafgerichtshof gehört, ist dieser auch zuständig für die Kriegsverbrechen, die beispielsweise US-Soldaten auf afghanischem Boden verübt haben. Zum anderen
ist der Gerichtshof auch von der UNO abhängig. Denn nur

sie kann ihm über den UN-Sicherheitsrat die Zuständigkeit erteilen. Das haben wir mit der Syrien-Kommission versucht, etwa durch unsere Empfehlungen bezüglich der Kriegsverbrechen von ISIS. Dort zeigte sich auch das Fatale an dieser Abhängigkeit: Die fünf permanenten Mitglieder im Sicherheitsrat sind, was Syrien angeht, so zerstritten, dass keine Einigung möglich war und sie dem Gerichtshof bis heute keine Zuständigkeit erteilt haben.

Schauen wir uns die Abhängigkeit des Internationalen Strafgerichtshofs etwas genauer an. Im Fall Syrien ist er nicht per se zuständig, da Syrien das Rom-Statut nicht unterzeichnet und ratifiziert hat. Einzelne Kriegsparteien verstoßen jedoch so eklatant gegen das Völkerrecht und die Menschenrechte, dass es ein Armutszeugnis für die internationale Gemeinschaft ist. Und doch sind ihr die Hände gebunden, sie kann nicht handeln, weil die permanenten Mitglieder im Sicherheitsrat sie aus einzelstaatlichen Interessen lahmlegen.

Vergleichen wir das mit einem gegenläufigen Fall, in dem der Sicherheitsrat dem Internationalen Strafgerichtshof erfolgreich die Zuständigkeit erteilt hat. Ein Beispiel dafür wäre Darfur. Dort herrscht ein bewaffneter Konflikt zwischen verschiedenen Rebellengruppen und der Regierung in Khartum, der Hauptstadt des Sudan. Diese Auseinandersetzung ereignet sich vor dem Hintergrund des kollabierenden sudanesischen Staats und ist überlagert von Landnutzungsstreitigkeiten zwischen verschiedenen Bevölkerungsgruppen und religiösen Spannungen. Sudan hat das Rom-Statut weder unterzeichnet noch ratifiziert, weshalb der Internationale Strafgerichtshof zu den dort begangenen Kriegsverbrechen zunächst einmal nichts unternehmen konnte. Der UN-Sicherheitsrat erteilte dem Strafgerichtshof aber per Resolution im März 2005 die Zuständigkeit. Er argumentierte mit einer

Bedrohung des internationalen Friedens und der Sicherheit. Darfur war damit sowohl der erste Fall in einem Land, für das der Strafgerichtshof keine Zuständigkeit per Rom-Statut hatte, als auch sein erster Fall überhaupt.

Auch für Darfur gab es eine Ermittlungskommission der UNO, welche die Verletzungen der Menschenrechte durch alle am Krieg beteiligten Parteien in der Region untersuchte. Im Sudan waren geschätzt 1,65 Millionen Menschen auf der Flucht, und mehr als 200 000 hatten sich in benachbarte Regionen im Tschad geflüchtet. Viele Dörfer in Darfur wurden zerstört. Die Kommission sollte ausdrücklich auch die mutmaßlichen Täter identifizieren und Beweise sichern, sodass man sie für ihre Verbrechen verantwortlich machen könne.

Im Juni 2005 begann der Internationale Strafgerichtshof mit seinen Ermittlungen. Man warf Regierungsmitgliedern, Milizen- und Rebellenführern Kriegsverbrechen, Verbrechen gegen die Menschlichkeit und Genozid vor. Bis Mitte 2019 wurde Anklage gegen insgesamt fünf Personen erhoben, für die es Haftbefehle gab, eine davon ist bis heute auf der Flucht. Drei saßen 2019 noch in sudanesischen Haftanstalten. Zu ihnen gehört auch der ehemalige Präsident des Sudan, Omar al-Baschir, dem Genozid vorgeworfen wird.[1] Der erste Haftbefehl gegen ihn erging 2009, ein weiterer folgte 2010. Erst 2019 wurde al-Baschir schließlich gestürzt und kurz darauf verhaftet. Im Jahr darauf kündigte der Sudan an, alle vom Internationalen Strafgericht per Haftbefehl gesuchten Täter nach Den Haag zu überstellen. Sie sind dort jedoch bis heute nicht angekommen. In Verwahrung des Internationalen Strafgerichts befindet sich bisher lediglich Ali Kuschaib, ein Milizenführer, dem das Gericht Kriegsverbrechen und Verbrechen gegen die Menschlichkeit vorwirft. Er hatte sich 2020 in der Zentralafrikanischen Republik selbst gestellt.

15 Jahre nach Eröffnung des Verfahrens für Darfur hat der Strafgerichtshof nur einen Angeklagten in Verwahrung, dessen Prozess nun eröffnet werden kann. Trotz eindeutig geklärter Zuständigkeit des Internationalen Strafgerichtshofs muss man also sagen, dass seine Arbeit mehr als schleppend verlief. Nicht nur die Regierung im Sudan hatte die Zusammenarbeit verweigert. Immer wieder warf die Chefanklägerin dem UN-Sicherheitsrat Untätigkeit und mangelnde Unterstützung vor. So konnten beispielsweise die per Haftbefehl gesuchten Personen jahrelang ungehindert vom Sudan aus in Nachbarländer wie den Tschad reisen, der ebenfalls Mitglied des Rom-Statuts ist. Auch dort haben die Behörden die Gesuchten nicht verhaftet. Der Sudan selbst ist durch die UN-Resolution zur Kooperation verpflichtet und deshalb auch dazu, die gesuchten Angeklagten, die in sudanesischen Gefängnissen sitzen, nach Den Haag auszuliefern. Sowohl der Tschad als auch der Sudan verstießen damit gegen Völkerrecht. Der UN-Sicherheitsrat hätte hier mehr Druck ausüben können. So blieben die Haftbefehle des Internationalen Strafgerichts im Fall von Darfur jahrelang wirkungslos. Seit dem Sturz der sudanesischen Regierung 2019 sind inzwischen zwei Jahre vergangen. Die bisherige Chefanklägerin Bensouda hatte nach dem Sturz eindringlich an den UN-Sicherheitsrat appelliert, dass jetzt die Zeit zum Handeln gekommen sei. Mit der Verhaftung von Kuschaib und der angekündigten Überstellung al-Baschirs könnte endlich Bewegung in dieses Tribunal kommen. Es bleibt allerdings abzuwarten.

Originär zuständig ist der Internationale Strafgerichtshof für Afghanistan, welches das Rom-Statut unterzeichnet hat. Als Bensouda 2019 Ermittlungen ankündigte, protestierten die USA umgehend. Sie reagierten auch mit dem bereits erwähnten Einreiseverbot. Der Grund ist eindeutig: Seit 2002 ist die CIA in Afghanistan aktiv und führt Ermittlungen durch, die sich laut Eigenaussage auf die Anschläge vom 11. September 2001 beziehen. Vermeintliche Anhänger der al-Qaida und der Taliban sollen dabei in Internierungslagern untergebracht, gefoltert und sogar sexuell misshandelt worden sein. Außerdem gibt es mutmaßlich Verbindungen zu Kriegsverbrechen und Verbrechen gegen die Menschlichkeit, welche die USA in ihren Gefängnissen in Polen, Rumänien und Litauen begangen haben sollen. Im Zuge der Ermittlungen in Afghanistan könnten diese Taten ans Licht kommen.

Wieso folgten in Afghanistan trotz eindeutiger Zuständigkeit nicht automatisch Ermittlungen? Der Internationale Strafgerichtshof funktioniert so, dass nicht die Staatsanwaltschaft, also die Anklagebehörde, entscheidet, ob Ermittlungen aufgenommen werden, sondern die Vorverfahrenskammern. Das ist ein anderes System als beispielsweise in Deutschland, wo die Staatsanwaltschaft über die Aufnahme eines Verfahrens entscheidet. Der Gerichtshof operiert im Rahmen einer vorgegebenen gesetzlichen Grundlage. Im Fall Afghanistan argumentierten die Kammern mit den »Gerechtigkeitsinteressen«, denen die Ermittlungen dienen sollen. Diese müsse man auch im Hinblick auf die Effektivität der Strafverfolgung sehen. Die Erfolgsaussichten seien gering, da weder Afghanistan selbst noch »andere Schlüsselstaaten« kooperieren würden.[2] Das bedeutet in anderen Worten: »Wir haben nicht genug Geld, um uns darum zu kümmern. Außerdem unterstützen uns die afghanischen Behörden nicht, und die USA legen uns Steine in den Weg.« Aber das dürfen selbstverständlich keine Gründe dafür sein, von einer Strafverfolgung abzusehen. Diese Entscheidung hatte eindeutig politische Hintergründe.

Gemeinsam mit anderen ehemaligen Chefanklägern sind wir gegen diese Entscheidung vorgegangen, um Fatou Bensouda und die Anklagebehörde zu unterstützen. Als *Amici curiae* haben wir Beschwerde eingereicht. So bezeichnet man vor allem im US-amerikanischen Rechtswesen »Freunde des Gerichts« – so auch die wörtliche Übersetzung aus dem Lateinischen. Dabei handelt es sich um eine unbeteiligte Person oder Personenmehrheit, die sich, etwa aufgrund von besonderer Expertise, zu einem Rechtsstreit äußern darf. In unserem Fall – beteiligt waren neben mir David M. Crane, Benjamin B. Ferencz, Richard J. Goldstone und Stephen J. Rapp – bestand diese in unserer Erfahrung als Chefankläger und -anklägerinnen in der internationalen Strafgerichtsbarkeit. Benjamin B. Ferencz bekleidete diesen Posten beispielsweise in einem der zwölf Nachfolgeprozesse von Nürnberg nach dem Zweiten Weltkrieg. Wir anderen steuerten Erfahrungen während der internationalen Tribunale von Jugoslawien, Ruanda und Sierra Leone bei. Unsere Argumente stützten die Argumentation der Chefanklägerin Bensouda und betonten die Unabhängigkeit der Anklagebehörde, insbesondere, dass die Gründe der Vorverfahrenskammer, die zur Ablehnung der Ermittlungen geführt hatten, falsch waren und diese sich fälschlicherweise die Schuhe der Anklagebehörde angezogen habe. Wir schlossen mit dem dringenden Appell, dass die Ermittlungen in Afghanistan zugelassen werden sollten.[3] 2020 hat der Gerichtshof dann die erste Entscheidung aufgrund unseres Einsatzes schließlich widerrufen. Die Anklagebehörde Bensoudas konnte sich mithilfe unserer Unterstützung durchsetzen. Weitere Sanktionen der USA gegen ihre Person ließen nicht lang auf sich warten. Wir sollten den künftigen Verlauf der Ermittlungen genau beobachten.

Was deutlich zu sehen ist: Obwohl wir einen Internationalen Strafgerichtshof haben, ist die internationale Justiz von der Politik abhängig. Denn entweder müssen die Staaten das Rom-Statut unterzeichnet und ratifiziert oder der UN-Sicherheitsrat dem Gerichtshof die Zuständigkeit erteilt haben. Beides hängt von politischen Entscheidungen ab. Und die Abhängigkeit geht sogar noch weiter: Selbst wenn der Gerichtshof zweifelsfrei zuständig ist, kommt es nicht automatisch zu Ermittlungen. Oder es kommt zu Ermittlungen, aber aber sie bleiben ereignislos.

Im Moment ist es besonders wichtig, den Internationalen Gerichtshof auch in finanzieller Hinsicht zu unterstützen, da er andernfalls seine Arbeit nicht machen kann. Ich befürchte, dass es ihn sonst vielleicht nicht mehr lange geben wird. Immerhin ist inzwischen entschieden, wer Fatou Bensouda nach ihrer neunjährigen Amtszeit ablösen wird. Voraussichtlich wird ein Brite namens Karim Khan der neue Chefankläger. Im Februar 2021 hatten die Vertretungen der 123 Vertragsstaaten den 50-jährigen Juristen nach einem langwierigen Entscheidungsprozess gewählt. Dessen Dauer war der Tatsache geschuldet, dass sich die Vertreter lange nicht auf einen Kandidaten einigen konnten. Ende Juni 2020 hatte man vier Kandidaten ausgesucht, doch keiner vermochte sie zu überzeugen. Die Wahl wurde zunächst verschoben. Später standen 13 Kandidaten zur Auswahl. Aber der zwischenzeitliche Favorit, der Belgier Serge Brammertz, der seit 2016 Chefankläger des Internationalen Residualmechanismus für die Ad-hoc-Strafgerichtshöfe und zuvor auch Chefankläger des Jugoslawien-Tribunals gewesen war, trat plötzlich von seiner Kandidatur zurück. Dass sich diese Wahl so lange hinzog, zeigt erneut, dass politische Motive eine große Rolle spielen. Die Staaten des Rom-Statuts konnten sich offensichtlich nicht einigen. Im Juni 2021 wird daher Karim Khan voraussichtlich das Amt aufnehmen.

Durch diese politisch motivierten Entscheidungen verliert der Internationale Strafgerichtshof nicht nur sein äußeres Ansehen, sondern auch seine Legitimation nach innen, vor den eigenen Mitgliedsstaaten. So reklamieren beispielsweise die afrikanischen Staaten, dass sich der Gerichtshof lediglich mit Fällen in Afrika befasst. Das ist tatsächlich kaum von der Hand zu weisen. Von den 13 aktuell laufenden Ermittlungen spielen sich 10 auf dem afrikanischen Kontinent ab. Ich pflegte guten Kontakt zu Luis Moreno Ocampo, dem Chefankläger des Internationalen Strafgerichtshofs zwischen 2003 und 2012. Während einem unserer Gespräche warnte ich ihn: »Es ist nicht gut, wenn nur afrikanische Fälle vor dem Gericht verhandelt werden, die afrikanischen Länder werden das nicht akzeptieren.« Dass es in der Realität dennoch so ist, hat einen einfachen Grund: Diese Fälle sind in der Regel politisch weniger brisant – im Vergleich zum Beispiel zu Afghanistan, wo der politische Druck durch die USA enorm hoch ist. Aber wenn das Gericht nur einseitig tätig wird, dann führt das dazu, dass die Staaten aus dem Rom-Statut austreten. Burundi ist beispielsweise schon 2016 ausgetreten. Da der Internationale Strafgerichtshof sich über seine Mitglieder finanziert, bedeutet ein Austritt auch immer einen finanziellen Verlust.

Im Moment ist es offensichtlich keine gute Zeit für die internationale Justiz. Die Grauzone zwischen Recht und Politik ist größer geworden. Mächtige Staaten wie China, Russland und die USA, aber auch der Iran und Israel sind gar nicht erst Mitglieder im Rom-Statut. Der Sicherheitsrat, der dennoch Fälle an die internationale Justizbehörde übergeben könnte, wird durch das Vetorecht der permanenten

Mitglieder blockiert. Die mächtigen Staaten dieser Welt sind keine verlässlichen Partner der internationalen Justiz. Und die europäischen Länder, die noch am ehesten Vorstöße in diese Richtung wagen, sind allein zu schwach, um sich durchzusetzen. Russland und China verhindern im Fall von Syrien mit ihrem Vetorecht alle Entscheidungen, die den Opfern dieses Kriegs Gerechtigkeit verschaffen würden, und die USA operieren offen gegen den Gerichtshof. Sie diffamieren ihn, belegen ihn mit Sanktionen, verweigern die Zusammenarbeit und nutzen ihren Einfluss, um auch andere Länder von der Kooperation abzuhalten. Was für ein Sinneswandel seit den Tribunalen in Jugoslawien und Ruanda! In der internationalen Strafjustiz kann man also nur versuchen, das bisher Erreichte zu erhalten. Viele Opfer von Kriegsverbrechen, Verbrechen gegen die Menschlichkeit und Genozid müssen noch lange auf Gerechtigkeit warten.

Raus aus der Grauzone!
Neuordnung und Reformen

Warum also die ganze Mühe mit der internationalen Justiz, die am Ende kein Staat wirklich will, zumindest ab dem Moment nicht, wo sie seine eigenen Interessen beeinträchtigt? Warum das ständige Laufen gegen Gummiwände, die mühselige Überzeugungsarbeit, das Verfassen von unzähligen Berichten, wenn man letztlich sowieso entweder am UN-Sicherheitsrat oder mangelnder Finanzierung scheitert?

Bei all dem sollten wir nicht das aus den Augen verlieren, um was es eigentlich geht: dass die Menschen auf der ganzen Welt in Frieden und Stabilität leben können. Und das geht nur, wenn die Opfer von Kriegsverbrechen, Verbrechen gegen die Menschlichkeit, Genozid und Aggression Gerechtigkeit erfahren. Ich hatte in vielen Flüchtlingslagern Kontakt mit den Betroffenen. Es sind häufig einfache Menschen, Menschen aus der unteren oder mittleren sozialen Schicht – die Reichen und Gebildeten flüchten meistens, bevor es zu Gewalt kommt, oder stehen auf der Seite der Regierung und genießen dadurch Schutz. Und so sind es die anderen, die heute in den Flüchtlingslagern feststecken, die sich nicht rechtzeitig in Sicherheit bringen konnten, die niemand vor Verbrechen bewahrt. Viele von ihnen haben das Wort Menschrechte noch nie gehört. In den Flüchtlingslagern spürt man ihre Not förmlich, und damit meine ich nicht nur die materielle. Ich spreche von der inneren Not, dem Ruf nach Gerechtigkeit. Die Opfer wollen, dass die Täter verurteilt werden, und man spürt die eigene Verantwortung, ihnen Genüge zu tun. Was muss also geschehen, damit wir bei der internationalen Justiz weiterkommen?

Aus meiner Erfahrung ist dabei die Rolle der USA kaum zu überschätzen. Ich habe die Hoffnung, dass sie sich mit dem neuen Präsidenten Joe Biden auf der internationalen Ebene wieder stärker einbringen und erneut für Völkerrecht und Menschenrechte kämpfen. Die ersten Schritte sind bereits unternommen. So hat Biden die Rückkehr zum Übereinkommen von Paris eingeleitet und den von Trump initiierten Austritt aus der WHO aufgehalten. Beides ist sehr wichtig. Dabei geht es nicht rein um die diskursive Ebene, sondern auch darum, dass die USA sich mehr an der UNO beteiligen, auch in finanzieller Hinsicht. Denn wie wir gesehen haben, speist sich ein großer Teil des Budgets aus den freiwilligen Beiträgen. Und wenn diese wegbrechen, stehen viele Arbeitsbereiche der UNO vor dem Aus. Wenn wir zugrunde legen, dass wer bezahlt, auch befiehlt, wird deutlich, wie groß die Bedeutung der USA ist.

Die europäischen Staaten bringen sich im Moment am stärksten für Fragen der Menschenrechte und der internationalen Justiz ein. Aber sie sind als Einzelstaaten zu schwach. Sie können sich nicht gegen China, Russland und die USA durchsetzen. Und die EU hat als politische Institution keinen Sitz in anderen internationalen Organisationen, sondern nur ihre jeweiligen Einzelstaaten. Wenn es um Völkerrecht und Menschenrechte geht, müssen die Staaten des alten Europas und die USA vorangehen. Von Russland und China erwarte ich in dieser Hinsicht gar nichts. Beide Länder haben hinsichtlich der Menschenrechte intern noch einiges zu bewältigen, bevor sie sich glaubhaft auf internationaler Ebene dafür einsetzen können. Es bleibt also nur zu hoffen, dass Biden im Sinne der globalen Gerechtigkeit handeln wird.

Des Weiteren ist die Arbeit von Medien und NGOs sehr wichtig. Oft kommen die ersten Lageberichte zu bewaffneten Konflikten von Journalisten oder Mitarbeitern von NGOs vor Ort. Man sieht die grauenvollen Bilder und die zivilen Opfer. Was man aber nicht sieht, sind die Täter. Das herauszufinden ist Ermittlungsarbeit. Außerdem leistet die Tätigkeit der Medien und NGOs einen wichtigen Beitrag, um die Öffentlichkeit zu informieren und zu sensibilisieren. Wir haben häufig mit ihnen zusammengearbeitet und sind auf diesem Weg an Informationen oder Dokumente gekommen, die für unsere Ermittlungen hilfreich waren.

Ein Wegweiser in die richtige Richtung ist das sogenannte Weltrechtsprinzip, auch Prinzip der Universellen Jurisdiktion genannt. Es sieht vor, dass ein Staat die völkerrechtliche Verfolgung von Straftaten aufnehmen kann, selbst wenn diese nicht auf seinem Hoheitsgebiet stattgefunden haben, sich gegen einen seiner Staatsbüger gerichtet haben oder von einem seiner Staatsbürger ausgeübt worden sind. Nach dem Weltrechtsprinzip können also nationale Gerichte Straftaten wie Verbrechen gegen die Menschlichkeit juristisch aufbereiten, unabhängig davon, wo sie sich auf der Welt ereignen. Das gilt sowohl für hochrangige als auch für niedrigere Täter.

So kam es in Deutschland im Februar 2021 zum weltweit ersten Urteil in einem Prozess um Mord und Folter in Syrien. Angeklagt waren zwei ehemalige Funktionäre des Allgemeinen Geheimdienstdirektorats von Syriens Präsident Baschar al-Assad. Das erste Urteil fiel gegen Eyad A., der zu viereinhalb Jahren Haft wegen Beihilfe zu Verbrechen gegen die Menschlichkeit verurteilt wurde. Er hatte Gefangenentransporte begleitet, auf denen man festgenommene Demonstranten schon während der Fahrt zum Gefängnis brutal misshandelte. Zudem habe er laut Anklage gewusst, dass die Häftlinge dort systematische Folter erwarte. Seine Verteidigung plädierte auf Freispruch: Im Fall seiner Desertation hätte man ihn hingerichtet. Der Prozess gegen den Hauptangeklagten Anwar R. wird noch andauern. Unter seiner Befehlsgewalt sollen 2011 und 2012 mindestens 4 000 Häftlinge mit Schlägen, Tritten und Elektroschocks misshandelt worden sein. Zu dem Prozess kam es, weil nach Deutschland geflüchtete Folteropfer ihre Peiniger wiedererkannt hatten. Die mutmaßlichen Täter nahm man in Berlin und Zweibrücken in Rheinland-Pfalz fest. Das war weltweit das erste Mal, dass Straftaten, die im Rahmen des Syrienkriegs begangen worden waren, zur Verhandlung kamen. Für die Opfer und viele Flüchtlinge aus Syrien ist das von großer Bedeutung: Zum ersten Mal haben sie eine Stimme. Mit dem Urteil stellte auch erstmals ein Gericht klar: Die syrische Regierung und ihre Mitarbeiter begehen Verbrechen gegen die Menschlichkeit. Damit hat es einen wichtigen Präzedenzfall geschaffen.

Ob das Weltrechtsprinzip zur Anwendung kommt, hängt davon ab, ob ein Staat bestimmte internationale Abkommen unterzeichnet hat. So ist dessen Umsetzung gemäß der Anti-Folter-Konvention und gemäß der Genfer Konventionen sogar zwingend.[1] Das hört sich zunächst gut an. In der Praxis dauert es allerdings häufig recht lange, ehe diese Gesetze zur Anwendung kommen. Und auch hier spielen viele politische Motive eine Rolle: So kann die Verhandlung negative Folgen für den Staat haben, in dem der Prozess stattfindet: Belgien schränkte im Jahr 2003 seine Gesetzgebung zum Weltrechtsprinzip stark ein, weil bestimmte Nationen, darunter die USA, drohten, den Hauptsitz der NATO in ein anderes Land zu verlegen. Dahinter steckt die Tatsache, dass es Beschwerden gegen den Kommandanten des US Central Command sowie gegen amtierende politische Führer aus den USA, Großbritannien und Israel gegeben hatte, die in Belgien im Rahmen des Weltrechtsprinzips eingereicht worden waren.[2]

Schauen wir auf die internationale Ebene. Die zwischen den Ländern unterzeichneten Abkommen, auf denen das Völkerrecht fußt, beruhen auf der Selbstverpflichtung der Staaten, sich an sie zu halten. Natürlich kann man bei Verstößen Sanktionen verhängen, wenn man sich in der Weltgemeinschaft darauf einigt. Das hängt aber einerseits von dem jeweiligen Vertrag ab, von den Klauseln, die in einem solchen Fall zur Anwendung kommen, und andererseits wieder vom politischen Willen. Es wäre aus Sicht der internationalen Justiz ein großer Fortschritt, wenn schon in den Abkommen und Konventionen stünde, dass bei Verstößen automatisch der Internationale Strafgerichtshof zuständig sei. Das wäre bei der Durchsetzung des Völkerrechts enorm hilfreich. Ob dann aber noch ein Staat ein Abkommen unterzeichnen würde?

Bleibt die einzige global handelnde und denkende Institution, die wir haben; die für Weltfrieden und Stabilität zuständig ist; der fast alle Staaten der Welt angehören: die alte Dame UNO. Sie ist inzwischen über 75 Jahre alt und funktioniert im Wesentlichen noch genauso wie bei ihrer Gründung. Es gilt also, sie zu modernisieren und fit zu machen für die Ansprüche des 21. Jahrhunderts. Die UNO ist eine riesige, bürokratische Organisation, die leider nicht sehr effektiv arbeitet. Allein in New York sitzen etwa 4 000 bis 5 000 Angestellte, von denen viele nichts zu tun haben. Das durfte ich selbst erleben, als ich dort ein Büro hatte. Jeder Staat bekommt sein Kontingent an Angestellten, die dort arbeiten. Das entscheidet ein Schlüssel, der eine gerechte Repräsentation erreichen soll. Also bleiben diese Leute dort, auch wenn sie nichts zu tun haben. Je nachdem aus welchem Land sie stammen, ist die Entlohnung im Vergleich zu den Verdienstmöglichkeiten in den jeweiligen Heimatländern fürstlich. Und die Arbeit ist nicht schwer: Morgens um neun Uhr geht es los, mittags haben sie eine Stunde frei, danach gibt es Kaffee und ein Schwätzchen, vielleicht noch ein Meeting, das zu nichts führt. Eine reine Verschwendung von Zeit und Geld, besonders im digitalen Zeitalter.

Ein weiteres Problem sind bestimmte bürokratische Abläufe, fast möchte ich sagen Rituale. Jedes Jahr musste ich beispielsweise drei Tage in New York verbringen, um das Budget für die Tribunale vor einer Kommission zu diskutieren. Letzten Endes ging es nicht einmal um finanzielle Fragen, sondern maßgeblich um Politik. Ebenfalls nichts als Zeitverschwendung. Dort habe ich gelernt, wie etwas eben gerade nicht funktioniert.

Dazu kommt, dass der Generalsekretär wenig Macht hat. Er ist de facto einfach ein Koordinator, der Verantwortung für die Öffentlichkeitsarbeit und Pressemitteilungen trägt. Ich erinnere mich an ein konkretes Problem aus meiner Zeit als Chefanklägerin. Es gibt bei der UNO die Regel, dass die Mitarbeiterinnen und Mitarbeiter unter Berücksichtigung der Geschlechterparität ernannt werden müssen. Ich legte aber zusätzlich auch Wert auf deren Kompetenz. Es war mir unter diesem Gesichtspunkt nicht immer möglich, das gewünschte Verhältnis einzuhalten. Der Chef der Verwaltung, ein Amerikaner, mit dem ich öfters Probleme hatte, bestand jedoch darauf und ließ nicht mit sich reden. Also ging ich in die 38. Etage, wo der Generalsekretär, damals Kofi Annan, sein Büro hatte. Nicht jeder darf in die 38. Etage fahren, nur befugtes Personal und nur mit Anmeldung. Bei Kofi Annan habe ich mich dann über die Regelung beschwert. Er stimmte mir zu und versprach, mit dem Verwaltungschef zu sprechen. Erreichen konnte er nichts. Mehr Kompetenz für den Generalsekretär ist ein wichtiger Punkt bei einer Modernisierung der UNO.

Ein weiterer besonders wichtiger Aspekt ist die Reform des UN-Sicherheitsrats. Wie das Beispiel Syrien zeigt, wird seine Handlungsfähigkeit durch das Vetorecht der fünf ständigen Mitglieder massiv eingeschränkt. Es ist unumgänglich, dieses System zu ändern. Das Vetorecht muss abgeschafft und der Mitgliederkreis des Sicherheitsrats erweitert werden. Und statt permanenter Mitgliedsstaaten sollte es ein Rotationsprinzip geben. Kofi Annan hat bereits 2003 angefangen, sich Gedanken über eine Reform der UNO zu machen. Das Resultat der Beratungen seines Expertengremiums war ein umfangreiches Papier mit Vorschlägen. Dazu gehörten mehr Kompetenzen für den Generalsekretär, die Erweiterung des Sicherheitsrats und die Einrichtung eines UN-Menschenrechtsrats, der mit Zweidrittelmehrheit die Entsendung von Beobachtern zur Überwachung der Menschenrechtssituation in einem Mitgliedsstaat beschließen könne. Es überrascht mich nach meinen eigenen Erfahrungen mit der internationalen Politik nicht, dass Annan mit seinen Vorschlägen auf Granit biss. Immerhin: Im März 2006 beschloss die UN-Generalversammlung, den UN-Menschrechtsrat als Nachfolgeorganisation der UN-Menschenrechtskommission zu gründen.

Der Rat hat 47 Mitgliedsstaaten. Sie treffen sich in Genf, um weltweit Menschenrechte zu fördern und zu schützen. Es war genau diese Institution, in deren Auftrag die Syrien-Kommission arbeitete. Was dabei herauskam, dürfte mittlerweile bekannt sein. Letztlich verfügt sie über die Kompetenz, Untersuchungskommissionen für spezielle Situationen zu gründen – mehr nicht. Und man muss auch betonen: Viele Länder, die dort Mitglieder sind, missachten die Menschenrechte und dulden offenkundige Verletzungen auf ihrem eigenen Territorium. Wie glaubwürdig kann man sich auf internationaler Ebene für Menschenrechte einsetzen, wenn man sie zu Hause missachtet? Die Afrikanische Union hatte gleichfalls im Jahr 2005 den Vorschlag eingebracht, mehr Vetomächte im Sicherheitsrat zuzulassen, überall aus Afrika, Asien, Europa und Lateinamerika. Diesen Vorschlag lehnten die fünf permanenten Mitglieder selbstverständlich ab. Es führt offenkundig kein Weg an einer Reorganisation des UN-Sicherheitsrats vorbei. Wie realistisch ist so ein Unterfangen? Im Moment muss ich leider sagen: kaum. Die UNO könnte man reformieren – wenn die USA das Projekt vorantreiben. Als stärkstes Mitglied, das den größten Teil der Finanzierung einbringt, könnten sie tatsächlich etwas durchsetzen. Aber auch die USA bestehen im Sicherheitsrat auf ihrem Vetorecht, ebenso wie Russland und die anderen permanenten Mitglieder – eine Katze, die sich in den Schwanz beißt.

In den letzten Jahren konnte jeder beobachten, dass die nationalen Interessen von Einzelstaaten auf der internationalen Bühne mehr und mehr in den Vordergrund rückten. Dass immer mehr Länder das große Ganze aus dem Blick verloren und in ihren eigenen engen Grenzen denken und handeln. Umso wichtiger ist die UNO. Sie ist die einzige global denkende und handelnde Institution, die wir haben. Ihr Mandat ist nach wie vor: dafür zu sorgen, dass die Menschen dieser Welt in Frieden und Stabilität leben können. Helfen wir ihr, dass sie diese Aufgabe erfüllen kann. Nutzen wir die internationalen Institutionen, die wir haben. Unterstützen wir den Internationalen Strafgerichtshof bei der Durchsetzung von Völkerrecht und Menschenrechten. Denn nur so bekommen Millionen auf der ganzen Welt Gerechtigkeit – sie haben sie verdient.

Anmerkungen

Mein Kampf für Gerechtigkeit

1 United Nations Treaty Collection, Rome Statute of the International Criminal Court, https://treaties.un.org/Pages/ViewDetails.aspx?src=TREATY&mtdsg_no=XVIII-10&chapter=18&clang=_en; International Criminal Court, The States Parties of the Rome Statute, https://asp.icc-cpi.int/en_menus/asp/states%20parties/pages/the%20states%20parties%20to%20the%20rome%20statute.aspx, 9.2.2021.

2 Deutscher Bundestag, Ratifizierung, https://www.bundestag.de/services/glossar/glossar/R/ratifizierung-245516, 7.1.2021.

3 Statista: Anzahl der Konflikte weltweit nach Konfliktintensität von 2005 bis 2019, 18.3.2020, https://de.statista.com/statistik/daten/studie/2736/umfrage/entwicklung-der-anzahl-von-konflikten-weltweit/, 22.11.2020.

4 Whywar.at, Friedensbüro Salzburg: Kriege und bewaffnete Konflikte weltweit 2019, Stand 21.1.2020, http://www.whywar.at/kriege-und-bewaffnete-konflikte-weltweit-2019/, 22.11.2020. Aus völkerrechtlicher Sicht bezeichnet der Begriff Krieg einen bewaffneten Kampf zwischen Staaten oder Gruppen von Staaten. Manche Definitionen ergänzen dazu noch das Merkmal einer Kriegserklärung, also der Erklärung des Eintritts in den Kriegszustand, oder das Stellen eines Ultimatums. Der Begriff »internationaler bewaffneter Konflikt« ist im Gegensatz dazu ein Sammelbegriff für alle Konflikte mit zwischenstaatlicher Anwendung von Waffengewalt. Einige Definitionen sehen die Kategorie Krieg als einen Unterbegriff des internationalen bewaffneten Konflikts, andere betrachten Krieg und internationalen bewaffneten Konflikt als zwei Kategorien mit unterschiedlichen rechtlichen Bedeutungen.

5 Amnesty International: Verantwortliche für Gräueltaten an Rohingya müssen bestraft werden, 23.8.2018, https://www.amnesty.de/

informieren/aktuell/myanmar-verantwortliche-fuer-graeueltaten-an-rohingya-muessen-bestraft-werden, 22.11.2020.

6 UN-Flüchtlingshilfe Deutschland für den UNHCR: Zahlen & Fakten zu Menschen auf der Flucht, Zahlen bis Ende 2019, https://www.uno-fluechtlingshilfe.de/informieren/fluechtlingszahlen/, 22.11.2020.

7 International Criminal Court, Office of the Prosecutor: Report on Preliminary Examination Activities 2017, S. 51 ff., https://www.icc-cpi.int/Pages/item.aspx?name=171204-rep-otp-PE, 15.2.2021.

8 Hiéramente, Dr. Mayeul, Deutsche Gesellschaft für die Vereinten Nationen e. V.: Der nächste Affront – Die USA und der IStGH, 13.9.2018, https://dgvn.de/meldung/der-naechste-affront-die-usa-und-der-istgh/, 22.11.20.

Der lange Weg nach Den Haag

1 Geneva Convention 1864, https://commons.wikimedia.org/wiki/File:Geneva_Convention_1864_-_CH-BAR_-_29355687.pdf, 30.11.2020.

2 1 000 Schlüsseldokumente zur deutschen Geschichte im 20. Jahrhundert: Abkommen, betreffend die Gesetze und Gebräuche des Landkriegs, https://www.1000dokumente.de/index.html?c=dokument_de&dokument=0201_haa&object=translation&l=de, 30.11.2020.

3 Der erste Einsatz von Giftgas als Kriegswaffe, 15.4.2014, Deutsche Welle, https://www.dw.com/de/der-erste-einsatz-von-giftgas-als-kriegswaffe/a-17053767, 1.12.2020.

4 Statista: Gefallene Soldaten im Ersten Weltkrieg nach Ländern in den Jahren 1914 bis 1918, 2005, https://de.statista.com/statistik/daten/studie/251868/umfrage/militaerische-verluste-im-ersten-weltkrieg-1914-bis-1918/, 30.11.2020.

5 Christian Müller: 1918: So wurde der Krieg zur Hölle der zivilen Bevölkerung, Infosperber, 17.11.2018, https://www.infosperber.ch/Politik/Erster-Weltkrieg-Waffenstillstand-2018-Gedenkfeier, 30.11.2020.

6 Friedensvertrag von Versailles vom 28. Juni 1919, Documentarchiv, http://www.documentarchiv.de/wr/vv01.html, 7.12.2020.

7 Völkerbundssatzung, http://www.versailler-vertrag.de/vv1.htm, 4.12.2020.

8 Briand-Kellogg-Pakt 1928, Materialien zum Völkerstrafrecht, https://www.jura.uni-muenchen.de/fakultaet/lehrstuehle/satzger/materialien/kellogg1928d.pdf, 4.12.2020.

9 Weidenbach, Bernhard, Statista: Zahl der Toten nach Staaten im Zweiten Weltkrieg in den Jahren 1939 bis 1945, 1.2.2021, https://

de.statista.com/statistik/daten/studie/1055110/umfrage/zahl-der-toten-nach-staaten-im-zweiten-weltkrieg/, 15.2.2021.

10 Statista: Opferzahlen der durch das nationalsozialistische Regime und seiner Verbündeten von 1933 bis 1945 ermordeten Zivilisten und Kriegsgefangenen, 2019, https://de.statista.com/statistik/daten/studie/1110101/umfrage/gesamtanzahl-der-nationalsozialistischen-opfer/, 5.12.2020.

11 Vereinte Nationen, Unric – Regionales Informationszentrum der Vereinten Nationen: Die Charta der Vereinten Nationen, https://unric.org/de/charta/#praeambel, 7.12.2020.

12 UN-Charta, Kapitel 1, Artikel 2, https://unric.org/de/wp-content/uploads/sites/4/2020/01/charta-1.pdf, 9.2.2021.

13 Die vollständige UN-Charta gibt es hier zum Download: https://dgvn.de/veroeffentlichungen/publikation/einzel/charta-der-vereinten-nationen/, 5.12.2020.

14 Eine umfassende Darstellung des Systems der Vereinten Nationen finden Sie online unter: https://unric.org/de/das-un-system, 16.3.2020.

15 Fedlex, Die Publikationsplattform des Bundesrechts: Genfer Abkommen zur Verbesserung des Loses der Verwundeten, Kranken und Schiffbrüchigen der bewaffneten Kräfte zur See, 12.8.1949, https://www.admin.ch/opc/de/classified-compilation/19490189/index.html, 7.12.2020.

16 Europäischer Gerichtshof für Menschenrechte: Die Europäische Menschenrechtskonvention in der Fassung der Protokolle Nr. 11 und 14, 4.11.1950, https://www.echr.coe.int/Documents/Convention_deu.pdf, 7.12.2020.

17 Europarat: Der Europäische Gerichtshof für Menschenrechte, https://www.coe.int/de/web/portal/gerichtshof-fur-menschenrechte, 5.12.2020.

18 Römisches Statut des Internationalen Strafgerichtshofs, 17.8.1998, https://www.un.org/Depts/german/internatrecht/roemstat1.html#P, 7.12.2020.

19 Römisches Statut des Internationalen Strafgerichtshofs, Art. 8bis IStGH-Statut – Verbrechen der Aggression, Wolters Kluwer Deutschland GmbH Jurion, 2015, https://werle.rewi.hu-berlin.de/admin/uploads/Art-8bis-15bis-15ter-IStGH-Statut.pdf, 13.2.2021.

20 International Criminal Court: How the Court Works, https://www.icc-cpi.int/about/how-the-court-works/Pages/default.aspx#legalProcess, 5.12.2020.

Kriegsverbrecher vor Gericht

1 Osten, Philipp: Der Tokioter Kriegsverbrecherprozess und seine Rezeption in Japan – Japan und das Völkerstrafrecht, Vortrag, gehalten auf den dritten Keio-Tagen, Universität des Saarlands, 2. bis 5. Dezember 2003, http://archiv.jura.uni-saarland.de/projekte/Bibliothek/text.php?id=287, 6.12.2020.

2 Ebd., http://archiv.jura.uni-saarland.de/projekte/Bibliothek/text.php?id=287, 6.12.2020.

3 Del Ponte, Carla: Im Namen der Anklage. Frankfurt am Main 2016, S. 61.

4 Akrap, Doris: 25 Jahre ICTY: Kein Frieden ohne Gerechtigkeit, keine Gerechtigkeit ohne Wahrheit. Heinrich-Böll-Stiftung, 26.3.2018, https://www.boell.de/de/2018/03/26/25-jahre-icty-kein-frieden-ohne-gerechtigkeit-keine-gerechtigkeit-ohne-wahrheit, 14.2.2021.

5 United Nations International Criminal Tribunal for the Former Yugoslavia: Infographic: ICTY Facts & Figures, https://www.icty.org/en/content/infographic-icty-facts-figures, 14.2.2021.

6 Fetscher, Caroline: Das Jugoslawien-Tribunal – eine Bilanz, *Der Tagesspiegel*, 29.11.2017, https://www.tagesspiegel.de/politik/un-gerichtshof-in-den-haag-das-jugoslawien-tribunal-eine-bilanz/20641684.html, 10.12.2020.

7 Die »Republika Srpska« war bis 1995 international nicht anerkannt. Danach bildet sie eine der beiden politischen Entitäten in Bosnien-Herzegowina.

8 Folgende Zahlen gibt es für diese Jahre, die Budgets gelten immer für zwei Jahre: 2014–2015: 179998600 US-Dollar, 2012–2013: 250814000 US-Dollar, 2010–2011: 286012600 US-Dollar. United Nations International Criminal Tribunal for the Former Yugoslavia: The Cost of Justice, https://www.icty.org/en/about/tribunal/the-cost-of-justice, 10.1.2021; Institute for War and Peace Reporting: Budget '99: Increasing The ›Capacity For Justice‹, Tribunal Update 108: Last Week in The Hague (11–17 January, 1999), 17.1.1999, https://iwpr.net/global-voices/budget-99-increasing-capacity-justice, 14.2.2021.

9 United Nations International Criminal Tribunal for the Former Yugoslavia: Case No. IT-02-54-T, The Prosecutor of the Tribunal against Slobodan Milosevic, Second Amended Indictment, https://www.icty.org/x/cases/slobodan_milosevic/ind/en/mil-2ai020728e.htm, 10.12.2020. Im Original: »Slobodan MILOSEVIC, acting alone and in concert with other members of the joint criminal enterprise, participated in the joint criminal enterprise in the following ways:

a. provided direction and assistance to the political leadership of the SAO SBWS, the SAO Western Slavonia, the SAO Krajina and RSK on the take-over of these areas and the subsequent forcible removal of the Croat and other non-Serb population.

b. provided financial, material and logistical support for the regular and irregular military forces necessary for the take-over of these areas and the subsequent forcible removal of the Croat and other non-Serb population.

c. directed organs of the government of the Republic of Serbia to create armed forces separate from the federal armed forces to engage in combat activities outside the Republic of Serbia, in particular in the said areas in Croatia and the subsequent forcible removal of the Croat and other non-Serb population.«

10 Del Ponte, Carla: Im Namen der Anklage. Frankfurt am Main 2016, S. 56 f.

11 Ebd., S. 59 ff.; Kellerhof, Sven Felix: Vor dem Massaker stand ein doppelter Verrat, Welt, Geschichte, 11.7.2020, https://www.welt.de/geschichte/article211427789/Srebrenica-1995-Warum-Nato-und-UN-dem-Massaker-tatenlos-zusahen.html, 11.12.2020 .

12 Für weitere Informationen zur Geschichte Jugoslawiens und der Aufteilung des Staatsgebiets nach 2006 siehe: Bundeszentrale für politische Bildung: »Jugoslawien«, in: *Aus Politik und Zeitgeschichte*, 40–41/2017, 2. Oktober 2017, hier insb. S. 23 f., online-PDF unter: www.bpb.de.

13 Vgl. Del Ponte, Carla: Im Namen der Anklage. Frankfurt am Main, 2016, S. 124 f.

14 Ebd.

15 Ebd., S. 286.

16 Vgl. ebd., S. 215 f.

17 Vgl. ebd., S. 149.

18 International Criminal Tribunal for the Former Yugoslavia: Initial Appearance – Milošević, Slobodan, 3.7.2001, https://www.youtube.com/watch?v=7S3CIMpDEjU&feature=youtu.be, 12.12.2020.

19 International Criminal Tribunal for the Former Yugoslavia: Judgement in the case the Prosecutor v. Milan Babic, 29.6.2004, https://www.icty.org/x/cases/babic/tjug/en/040629_Babic_summary_en.pdf, 13.12.2020. Im Original: »Babić admitted that he knowingly and intentionally participated in the campaign of persecutions. He was aware that crimes such as mistreatment in prisons, deportations, forcible transfer, and the destruction of property, as described in the indictment, were being committed. With respect to the murders

charged in the indictment, Babić admitted that he knew that civilians were killed in the course of the forcible removal of non-Serb civilians, and that such killings were the likely outcome of the campaign of persecutions. However, he maintained that he had no knowledge of the specific murders referred to in the indictment. Babić further admitted that the crime of persecution was committed within a joint criminal enterprise, and that he substantially participated in that enterprise as a co-perpetrator.«

20 Vgl. Del Ponte, Carla: Im Namen der Anklage. Frankfurt am Main 2016, S. 319.

21 International Tribunal for the Prosecution of Persons Responsible for Serious Violations of International Humanitarian Law Committed in the Territory of Former Yugoslavia since 1991: The Prosecutor v. Ante Gotovina, Ivan Cermak, Mladen Markac, 12.3.2008, https://www.icty.org/x/cases/gotovina/ind/en/got-coramdjoind080312e.pdf, 13.12.2020. Im Original: »[…] promoting, instigating, permitting, encouraging and condoning the commission of crimes against Serbs by failing to report and/or investigate crimes or alleged crimes against them, to follow up on such allegations and/or investigations, and/or to punish or discipline subordinates and others in the Croatian authorities and forces over whom they possessed effective control for crimes committed against Serbs.«

22 Final Report to the Prosecutor by the Committee Established to Review the NATO Bombing Campaign Against the Federal Republic of Yugoslavia, https://www.icty.org/x/file/Press/nato061300.pdf, 14.2.2021.

23 Final Report to the Prosecutor by the Committee Established to Review the NATO Bombing Campaign Against the Federal Republic of Yugoslavia, https://www.icty.org/x/file/Press/nato061300.pdf, 14.2.2021.

24 Zum Völkermord in Ruanda und zu seiner Vorgeschichte vgl. Del Ponte, Carla: Im Namen der Anklage. Frankfurt am Main, 2016, S. 93 ff.

25 United Nations International Residual Mechanism for Criminal Tribunals: The ICTR in Brief, https://unictr.irmct.org/en/tribunal, 14.2.2021.

26 United National International Criminal Tribunal for Rwanda: The Prosecutor v. Jean-Paul Akayesu, 1.6.2001, https://unictr.irmct.org/sites/unictr.org/files/case-documents/ictr-96-4/appeals-chamber-judgements/en/010601.pdf, 17.12.2020. Im Original: »By Judgment dated 2 September 1998 the Trial Chamber found Akayesu guilty of the following crimes under Article 6(1) of the Statute: It found him

guilty Genocide, direct and public incitement to commit genocide, crimes against humanity [...].«

27 International Criminal Tribunal for Rwanda: The Prosecutor v. Jean-Paul Akayesu, Judgement, 2.9.1998, https://unictr.irmct.org/sites/unictr.org/files/case-documents/ictr-96-4/trial-judgements/en/980902.pdf, 17.12.2020. Im Original: »Witness JJ testified that she was driven away from her home, which was destroyed after a man came to the hill near where she lived and said that the bourgmestre had sent him so that no Tutsi would remain on the hill that night. At the meeting which was held on the morning of 19 April 1994, at which the Accused spoke, Witness OO testified that it was said by another speaker that all the Tutsi should be killed so that some day a child could be born who would have to ask what a Tutsi had looked like. She also quoted this speaker as saying ›I will have peace when there will be no longer a Tutsi in Rwanda‹. Witness V testified that Tutsi were thrown into the Nyabarongo river, which flows towards the Nile, and told to ›meet their parents in Abyssinia‹, signifying that the Tutsi came from Abyssinia (Ethiopia) and that they ›should go back to where they came from‹ (hearing of 24 January 1997, p.7).«

28 United Nations International Residual Mechanism for Criminal Tribunals, Legacy website of the International Criminal Tribunal for Rwanda: KABUGA, Félicien (ICTR-98-44B), https://unictr.irmct.org/en/cases/ictr-98-44b, 19.12.2020. Im Original: »Félicien Kabuga served as President of RTLM and as such had de facto and dejure control of programming, operations, and finances of RTLM. His powers also included hiring and firing journalists, giving instructions to them, chairing meetings of RTLM's Comité d'Initiative, representing RTLM in meetings with the authorities and giving news conference.«

29 International Criminal Tribunal for Rwanda: The Prosecutor v. George Ruggiu, 1.6.2000, https://unictr.irmct.org/sites/unictr.org/files/case-documents/ictr-97-32/trial-judgements/en/000601.pdf, 19.12.2020.

30 Vgl. Del Ponte, Carla: Im Namen der Anklage. Frankfurt am Main 2016, S. 254f.

31 Vereinte Nationen, UNRIC Regionales Informationszentrum der Vereinten Nationen: Die Charta der Vereinten Nationen, https://unric.org/de/charta/#kapitel7, 19.12.2020.

32 Vgl. Del Ponte, Carla: Im Namen der Anklage. Frankfurt am Main 2016, S. 309.

33 International Criminal Court for the Former Yugoslavia, Judgement Summary: Trial Judgement Summary for Ratko Mladić, 22.11.2017, https://www.icty.org/x/cases/mladic/tjug/en/171122-summary-en.

pdf, 20.12.2020. Im Original: »The Chamber sat for 530 trial days, during which it received the evidence of 592 witnesses and nearly 10,000 exhibits. The Chamber also took judicial notice of approximately 2,000 adjudicated facts.«

34 Ebd. Im Original: »On 13 and 14 July 1995, approximately 1,000 unarmed Bosnian-Muslim males, including children and elderly, were executed in Kravica Warehouse. On 16 July 1995, between 1,000 and 1,200 Bosnian-Muslim civilians at the Branjevo Military Farm were summarily executed. Prior to the execution, some of them had their hands tied, were blindfolded, and forced to pray in [I quote] the Muslim manner [end quote]. On the very same day, approximately 500 Bosnian-Muslim men and two women were executed inside Pilica Cultural Centre.«

35 Ebd. Im Original: »The crimes committed rank among the most heinous known to humankind and include genocide and extermination as a crime against humanity. […] For having committed these crimes, the Chamber sentences Mr. Mladić to life imprisonment.«

Triumph der Straflosigkeit in Syrien

1 Amnesty International: Syrien Report 2019, 18.2.2020, https://www.amnesty.ch/de/laender/naher-osten-nordafrika/syrien/dok/2020/jahresbericht-syrien-2019#Fl%C3%BCchtlinge%20und%20Binnenvertriebene, 21.12.2020. Der Bericht für 2020 lag zum Redaktionsschluss des Buches noch nicht vor.

2 Amnesty International: »Nowhere is safe for us«, Unlawful Attacks And Mass Displacement in North-West-Syria, 2020, https://www.amnesty.de/sites/default/files/2020-05/Amnesty-Bericht-Syrien-Idlib-Angriffe-auf-Krankenhaeuser-und-Schulen-Mai-2020.PDF, S. 5, 22.12.2020.

3 Amnesty International: Syrien 2019, Januar 2020, https://www.amnesty.de/jahresbericht/2019/syrien, 22.12.2020.

4 Welthungerhilfe: Fact Sheet Syrien, 17.6.2020, https://www.welthungerhilfe.de/fileadmin/pictures/publications/de/fact_sheets/countries/factsheet-syrien.pdf, 21.12.2020.

5 Zitiert nach Amnesty International: Syrien 2011, 11.5.2011, https://www.amnesty.de/jahresbericht/2011/syrien, 28.12.2020.

6 Ebd., https://www.amnesty.de/jahresbericht/2011/syrien#section-6836, 23.12.2020.

7 Khatib, Line: Islamic Revivalism in Syria: The Rise and Fall of Ba'thist Secularism, Routledge Studies in Political Islam, London 2011.

8 Amnesty International: Report 1983. London, 1983, https://www. amnesty.org/download/Documents/POL1000011983ENGLISH. PDF#page=172, 23.12.2020.

9 Khaddour, Kheder: The Assad Regime's Hold on the Syrian State. 2015, Carnegie Endowment for International Peace Stable, https://www.jstor.org/stable/resrep12745, S. 3 ff., 23.12.2020.

10 Williams, Lauren: ›Things are getting harder in Syria. But this is not Egypt‹, 14.2.2011, The Guardian, https://www.theguardian.com/world/2011/feb/14/syria-young-people-unemployment, 23.12.2020.

11 Hasan, Hanaa: Remembering the start of the Syrian Revolution, Middle East Monitor, 15.3.2019, https://www.middleeastmonitor.com/20190315-remembering-the-start-of-the-syrian-revolution/, 23.12.2020; Del Ponte, Carla: Im Namen der Opfer. Altendorf 2018, S. 10.

12 Hasan, Hanaa: Remembering the start of the Syrian Revolution, Middle East Monitor, 15.3.2019, https://www.middleeastmonitor.com/20190315-remembering-the-start-of-the-syrian-revolution/, 23.12.2020.

13 Cockburn, Patrick: Yazidis who suffered under Isis face forced conversion to Islam amid fresh persecution in Afrin. Independent, 19.4.2018, https://www.independent.co.uk/news/world/middle-east/syria-yazidis-isis-islam-conversion-afrin-persecution-kurdish-a8310696.html, 23.12.2020.

14 United Nations General Assembly, Human Rights Council, Twenty-second session, Agenda item 4, Human rights situations that require the Council's attention: Report of the independent international commission of inquiry on the Syrian Arab Republic, 5.2.2013, S. 11, https://undocs.org/A/HRC/22/59, 28.12.2020. Im Original: »An FSA fighter confirmed that he had been part of a brigade that had captured ›five Alawites‹ on a road into al-Haffa in Latakia in late July, then had interrogated and executed them shortly afterwards. He stated that ›Sunni captives were kept. Alawites were executed.‹ A/HRC/22/59 12GE.13-10627 In this instance, the FSA perpetrated the war crime of execution without due process.«

15 Ebd. Im Original: »On 7 January 2013, Government forces regained control of Al-Mastomah after indiscriminately shelling the town and after three days of clashes with the FSA. They entered the village and conducted house-to-house searches, executing civilians or persons hors de combat at close quarters. The video footage of those killed indicated that Government forces executed women, children and the elderly, thus committing the war crime of murder.«

16 United Nations General Assembly, Human Rights Council, Nineteenth session, Agenda item 4, Human rights situations that require the Council's attention: Report of the independent international commission of inquiry on the Syrian Arab Republic. 22.2.2012, S. 23, https://undocs.org/A/HRC/19/69, 28.12.2020. Im Original: »The commission recommends that OHCHR and the future Special Rapporteur on the situation of human rights in the Syrian Arab Republic continue to identify, where possible, those responsible for international crimes with a view to ensure that perpetrators are held accountable.«

17 United Nations General Assembly, Human Rights Council, Twenty-second session, Agenda item 4, Human rights situations that require the Council's attention: Report of the independent international commission of inquiry on the Syrian Arab Republic, 5.2.2013, S. 26, https://undocs.org/A/HRC/22/59, 28.12.2020. Im Original: »The commission recommends that the Security Council: [...] (b) In the light of the gravity of the violations and crimes perpetrated by Government forces and anti-Government groups, take appropriate action and commit to human rights and the rule of law by means of referral to justice, possibly to the International Criminal Court, bearing in mind that, in the context of the Syrian Arab Republic, only the Security Council is competent to refer the situation to the Court [...].«

18 UN News: Russia, China block Security Council referral of Syria to International Criminal Court, 22.5.2014, https://news.un.org/en/story/2014/05/468962-russia-china-block-security-council-referral-syria-international-criminal-court, 28.12.2020.

19 United Nations General Assembly, Human Rights Council, Twenty-seventh session, Agenda item 4, Human rights situations that require the Council's attention: Report of the independent international commission of inquiry on the Syrian Arab Republic, Rule of Terror: Living under ISIS in Syria, 14.11.2014, https://www.ohchr.org/EN/HRBodies/HRC/IICISyria/Pages/Documentation.aspx, 28.12.2020. Im Original: »Both victims' hands were tied to each side of the improvised cross. I went to read the placards. On the first one it read: ›This is the fate of those who fight against us.‹ I realized that my 7-year-old son was next to me, still holding my hand and watching this horrifying scene. He later asked me: ›Why were they there? Why was their blood on the heads and bodies?‹ I had to lie to him and say they were waiting for ambulances to come and rescue them. /Witness to the displayed body of an ISIS victim, Dayr Az-Zawr.«

20 United Nations General Assembly, Human Rights Council, Twenty-third session, Agenda item 4, Human rights situations that require the Council's attention: Report of the independent international com-

mission of inquiry on the Syrian Arab Republic, 18.7.2013, https://
undocs.org/A/HRC/23/58, 14.2.2021.

21 Praxis Vita: Sarin – Wie das Gift im Körper wirkt, https://www.
praxisvita.de/sarin-wie-giftgas-im-koerper-wirkt-6613.html,
29.12.2020.

22 Dies ist keine vollständige Auflistung aller Chemiewaffenangriffe in
Syrien seit Ausbruch des Konflikts. Es handelt sich um diejenigen
Chemiewaffenangriffe, die von der Kommission untersucht werden
konnten und die laut den Kriterien der Kommission ausreichend be-
legt sind – die Kommission verzeichnet 34 solcher Angriffe. Daten
basieren auf folgender Darstellung: https://www.ohchr.org/
SiteCollectionImages/Bodies/HRCouncil/IICISyria/COISyria_
ChemicalWeapons.jpg, 29.12.2020.

23 Kofi Annan gibt als Vermittler auf, *Frankfurter Allgemeine Zeitung*,
2.8.2012, https://www.faz.net/aktuell/politik/ausland/naher-osten/
syrien-kofi-annan-gibt-als-vermittler-auf-11841610.html, 30.12.2020.

»America first«: Über die Relativität von Werten und Normen

1 Lederer, Edith M.: US boycotts informal UN meeting on ICC's 20th an-
niversary, AP News, 7.7.2018, https://apnews.com/article/
f1ca6338ccc34a00982036d41d46aaaa, 2.1.2021.

2 USA sanktionieren Chefanklägerin Bensouda, Deutsche Welle,
2.9.2020, https://www.dw.com/de/usa-sanktionieren-chefankl%
C3%A4gerin-bensouda/a-54796830, 2.1.2021.

3 Psaledakis, Daphne; Nichols, Michelle: U. S. blacklists ICC prosecutor
over Afghanistan war crimes probe, Reuters, 15.9.2020, https://
www.reuters.com/article/usa-icc-sanctions-int-idUSKBN25T2EB,
2.1.2021.

4 Jeska, Andrea: Aufklärung von Kriegsverbrechen in Afghanistan:
Viele Beweise, wenig Mitarbeit, Amnesty Journal, 13.5.2020, https://
www.amnesty.de/informieren/amnesty-journal/afghanistan-auf
klaerung-von-kriegsverbrechen-afghanistan-viele-beweise, 2.1.2021.

5 Reuters Staff: Pompeo on ICC: U. S. won't be threatened by ›kangaroo
court‹, Reuters, 11.6.2020, https://www.reuters.com/article/us-
warcrimes-afghanistan-trump-pompeo-idUSKBN23I2AJ, 2.1.2021.

6 Vgl. Deutsche Gesellschaft für die Vereinten Nationen e. V.: Finanzierung des UN-Systems, https://dgvn.de/un-im-ueberblick/
finanzierung-der-un/, 2.1.2021.

7 Shendruk, Amanda; Hillard, Laura; Roy, Diana: Funding the United
Nations: What Impact Do U. S. Contributions Have on UN Agencies
and Programs?, 2020, https://www.cfr.org/article/funding-

united-nations-what-impact-do-us-contributions-have-un-agencies-and-programs, 2.1.2021.

8 Ebd.

9 Ebd.

10 Böttcher, Carina: Budgetkrise und weniger Verlässlichkeit: Die USA setzen die UN-Friedensmissionen unter Druck, DGAP Policy Brief, 28.11.2019, https://dgap.org/de/forschung/publikationen/budgetkrise-und-weniger-verlaesslichkeit, 2.1.2021.

11 Lederer, Edith M.: UN in cash crisis from unpaid dues, secretary-general says, AP News, 3.4.2020, https://apnews.com/article/208e7361dcec0e847e76e44b4ea79a9f; UN können womöglich Beschäftigte nicht mehr bezahlen, Zeit, 9.10.2019, https://www.zeit.de/politik/ausland/2019-10/vereinte-nationen-un-geldsorgen-finanzlage-usa-schulden, 2.1.2021.

In der Grauzone: Das internationale Recht ist nicht unabhängig

1 International Criminal Court: Situation in Darfur, ICC 02/05, https://www.icc-cpi.int/darfur, 5.1.2020.

2 Thielbörger, Pierre; Özdemir, Özgen: »Afghanistan« als Risikofall, LTO Legal Tribune Online, 18.4.2019, https://www.lto.de/recht/justiz/j/istgh-icc021733-afghanistan-usa-kriegsverbrechen-keine-untersuchung/, 6.1.2021.

3 International Criminal Court, Appeals Chamber: Public with Public Annex Application on Behalf of Former International Chief Prosecutors to File Observations as Amicus Curiae in Appeal Against Decision on The Authorisation of An Investigation, 15.10.2019, https://www.icc-cpi.int/CourtRecords/CR2019_06100.PDF, 17.2.2021.

Raus aus der Grauzone! Neuordnung und Reformen

1 Human Rights Watch: Die Umsetzung des Weltrechtsprinzip in Europa, Juni 2006, https://www.hrw.org/reports/2006/ij0606/ij0606sumandrecsDE.pdf, 21.2.2021.

2 Ebd.